Le client donne le ton à la vente :

Les gens n'aiment pas se faire vendre quelque chose, mais ils adorent acheter.

La tâche du maître vendeur, c'est de créer l'ambiance qui donnera envie d'acheter.

« Si vous achetez de moi, je vais faire beaucoup d'argent. En dépensant cet argent, je vais faire tourner l'économie, et quand celle-ci tournera à plein régime, vous aurez plus de clients. Mon ambition est donc la meilleure chose qui puisse vous arriver. »

Jeffrey Gitomer

Le petit **livre rouge de la vente**

12,5 principes **brillants** pour **faire exploser vos ventes**

Traduit de l'américain par Lise Malo, trad. a.

Les Éditions
Transcontinental

Les Éditions Transcontinental
1100, boul. René-Lévesque Ouest, 24ᵉ étage
Montréal (Québec) H3B 4X9
Téléphone : 514 392-9000 ou 1 800 361-5479
www.livres.transcontinental.ca

**Catalogage avant publication de Bibliothèque et Archives nationales du Québec
et Bibliothèque et Archives Canada**
Gitomer, Jeffrey H.
Le petit livre rouge de la vente : 12,5 principes brillants pour faire exploser vos ventes

Traduction de : *Jeffrey Gitomer's Little Red Book of Selling*

ISBN   978-2-89472-343-2

1. Vente.   2. Réseaux d'affaires.   3. Consommateurs - Fidélité.   4. Relations avec
la clientèle.   I. Titre.

HF5438.25.G5814 2007   658.85   C2007-941198-3

Authorized translation from the English language edition, entitled *Little Red Book
of Selling*, 1ˢᵗ Ed., by Gitomer, Jeffrey.
Published by Bard Press.
© Copyright 2005 by Jeffrey Gitomer
All Rights Reserved

Correction : Renée-Léo Guimont
Mise en pages et conception graphique de la couverture : Studio Andrée Robillard
Impression : Transcontinental Gagné

Imprimé au Canada
© Les Éditions Transcontinental, 2008, pour la version française publiée
en Amérique du Nord
Dépôt légal – Bibliothèque et Archives nationales du Québec, 2ᵉ trimestre 2008
Bibliothèque et Archives Canada

Tous droits de traduction, de reproduction et d'adaptation réservés.

Nous reconnaissons, pour nos activités d'édition, l'aide financière du gouvernement
du Canada par l'entremise du Programme d'aide au développement de l'industrie
de l'édition (PADIÉ). Nous remercions également la SODEC de son appui financier (programmes Aide à l'édition et Aide à la promotion).

Pour connaître nos autres titres, consultez le **www.livres.transcontinental.ca**. Pour
bénéficier de nos tarifs spéciaux s'appliquant aux bibliothèques d'entreprise ou aux
achats en gros, informez-vous au **1 866 800-2500**.

Si le client vous apprécie, vous croit, vous trouve compétent, vous fait confiance…
PEUT-ÊTRE qu'il achètera de vous.

– Jeffrey Gitomer

Les gens n'aiment pas se faire vendre quelque chose…

… mais ils adorent acheter !

Table des matières

« Pourquoi le client achète-t-il ? »

Une réponse dont le vendeur ne peut se passer

Il n'y a pas de comparaison possible entre se demander pourquoi les gens achètent et se demander comment vendre. La première question est mille fois… euh, un million… euh, un milliard de fois plus importante que la seconde. Euh… voyez-vous ce que je veux dire ?

Je viens de passer trois jours dans nos studios à interviewer les clients de mes clients, leur demandant ce qui les pousse à acheter. Leurs réponses : un bon dosage de gros bon sens, de surprises, de détails négligés et de possibilités inouïes.

Je ne cesse de m'étonner des milliers d'heures et des millions de dollars que les entreprises consacrent à former des vendeurs, mais pas une minute ni même 10 cents à essayer de comprendre pourquoi les gens achètent. Or, la seule chose qui compte, c'est la réponse à cette dernière question.

Certains croient peut-être savoir pourquoi les gens achètent, mais n'utilisent pas cette information. La preuve ? Voici quelques signaux d'alarme qui montrent que vous n'avez pas la moindre idée des motivations d'achat.

1. On vous objecte que ça coûte trop cher.

2. On vous demande d'envoyer un devis ou une proposition.

3. Le client est satisfait de son fournisseur actuel.

4. On ne retourne jamais vos appels.

4,5. Vous blâmez la conjoncture économique.

Si ça vous rappelle quelque chose, bienvenue au club !

Je vous présente ici diverses raisons qui incitent les clients à acheter. Elles ne suivent pas un ordre particulier, mais sont des raisons valides qui sortent de la bouche même des clients de toutes sortes d'entreprises.

1. **J'aime** mon vendeur.

À NOTER : Aimer son vendeur est la chose qui compte le plus dans une relation d'affaires. Un soi-disant spécialiste de la vente m'a fait parvenir une soumission l'autre jour, qui commençait ainsi : « Il n'est pas nécessaire que votre client vous aime, mais il doit vous faire confiance. » Quel crétin ! Essayez d'imaginer le PDG qui prend la décision d'acheter disant : « Je faisais confiance à ce type, mais sa tête ne me revenait vraiment pas. » L'estime mène à la confiance, la confiance à l'achat et l'achat à la relation. Ainsi va le cycle de vie de la vente.

2. **Je comprends** ce que j'achète.

3. **Je fais la différence** entre le vendeur et l'entreprise de qui j'achète.

4. **Je vois** une valeur dans le produit que j'achète.

5. **Je crois** mon vendeur.

6. **Je fais confiance** à mon vendeur.

7. **J'ai foi** en mon vendeur.

8. **Je suis à l'aise** avec mon vendeur.

9. **Je sens** que son produit ou service convient
   à mes besoins.

10. **Il me semble** que le prix est correct,
    mais sans être nécessairement le plus bas.

11. **Je pense** que ce produit ou service va accroître
    ma productivité.

12. **Je pense** que ce produit ou service va augmenter
    mes profits.

12,5. **Je pense** que mon vendeur veut m'aider à bâtir
     mon entreprise pour établir la sienne. Il est une
     précieuse ressource pour moi.

Ça vous donne de quoi réfléchir, n'est-ce pas ? Il ne vous reste qu'à trouver les raisons pour lesquelles vos clients achètent, et la vente sera simple comme bonjour. À vous de jouer !

« Jeffrey, demandez-vous sur un ton plaintif, dites-moi comment faire ! »

Bon, d'accord. **Voici la marche à suivre :**

1. **Appelez six** de vos meilleurs clients.

2. **Invitez-les** à un atelier consacré au développement
   de LEURS activités.

3. **Servez-leur** un EXCELLENT repas.

4. **Dites-leur** que vous les interrogerez, pendant une
   quinzaine de minutes, sur la façon d'approfondir
   votre relation.

5. **Formulez six questions** afin de savoir comment mieux répondre à leurs besoins et ce qu'ils recherchent chez un vendeur/partenaire.

6. **Enregistrez la rencontre**, de préférence sur vidéo, sinon en audio. Écoutez la bande au moins cent fois.

Voilà quelques réponses à la question de départ. Mais la vraie question, c'est pourquoi VOS clients achètent-ils ? Vous croyez le savoir ? Comment le sauriez-vous ? VOUS NE LEUR AVEZ JAMAIS POSÉ LA QUESTION !

Ça me sidère à quel point personne n'accorde d'attention à une réponse si évidente.

Vendre, c'est l'enfer.

Votre client veut acheter.

Vous avez une liste de clients prometteurs ?

Prometteurs pour qui ?

Combien vont tenir promesse ?

Je parie que cette liste est (bien) plus courte.

Vendre dans la zone rouge

Je ne suis pas seulement un spécialiste de la vente. Je suis un vendeur qui a vendu pour des millions de dollars et qui ne cesse jamais d'étudier la vente. Et d'ailleurs, pourquoi se contenter d'être UN spécialiste plutôt que LE spécialiste ?

Le petit livre rouge de la vente vous invite à comprendre les mécanismes de la vente. Si vous vous imprégnez des choses que je vous dis dans ces pages, vous deviendrez un vendeur célèbre, une fois pour toutes. Ce qui distingue le succès de la médiocrité, c'est la **philosophie**. En général, les vendeurs ont pour point de mire la fin du mois, mais devraient plutôt viser la *fin des temps*. C'est ma philosophie.

L'idée consiste à envisager la vente, toutes les ventes, dans l'optique du long terme, de la relation avec le client et des indications de nouveaux clients qu'il nous fournit. Ça n'a rien à voir avec les techniques de manipulation qui ont donné mauvaise presse aux vendeurs.

Le petit livre rouge de la vente aurait pu s'intituler *Le petit livre rouge de l'achat*. Entre le succès et l'échec d'une vente, il existe une subtile différence : plutôt que de chercher à vendre ce qu'on a, on crée l'ambiance qui incitera le client à acheter ce qu'on a. *Les gens n'aiment pas se faire vendre quelque chose, mais ils adorent acheter* : c'est pour moi un véritable mantra, et non une simple marque de commerce. Au fil de votre lecture, il vous faut adopter une philosophie qui vous poussera à atteindre un but supérieur, fondé sur des valeurs et sur l'entraide.

D'accord. On croirait lire un professeur et, à première vue, mes propos paraissent un peu tirés par les cheveux. Mais sachez ceci : j'ai grandi au New Jersey, je suis allé à l'université à Philadelphie, j'ai eu des commerces en banlieue de Philadelphie et j'ai vendu des vêtements à Manhattan pendant cinq ans – avec succès – sans jamais accorder un seul pot-de-vin (même si TOUT LE MONDE s'attendait à en recevoir un ou en demandait un).

Dans tous mes combats, les victoires éclatantes comme les cuisantes défaites, j'ai appris des leçons qui valent des millions, et je vous les offre ici pour une vingtaine de dollars.

Ne pensez plus à la *fin du mois,*
mais à la *fin des temps.*

- *Le petit livre rouge de la vente* est une mine d'or que je vous invite à exploiter.

- Il est rempli de petits bijoux à croquer un à un.

- À vous de vous les approprier, n'importe où, n'importe quand.

- Vous pouvez les mettre au pratique au moment même où vous les découvrirez.

Si vous n'arrivez pas à utiliser ces stratégies pour améliorer vos ventes, je vous recommande vivement d'abandonner la vente.

Si vous assimilez les stratégies et mettez en pratique une compétence par jour, tant dans vos activités personnelles que professionnelles, vous serez un spécialiste de la vente au bout d'une année. Un spécialiste avec un compte en banque enviable !

AVERTISSEMENT : Ce livre est écrit dans une langue utilisée par de vraies personnes dans de vraies situations de vente. Je n'ai pas cherché à le rendre politiquement correct (je suis un homme et je parle habituellement au masculin) ni à y embellir la réalité que je vis tous les jours dans le monde de la vente.

Par contre, je me suis efforcé d'éliminer toute la foutaise !

Si mes propos vous choquent, abandonnez la vente séance tenante et trouvez-vous un emploi sécurisant dans une grande entreprise où vous pourrez vous lamenter à longueur de journée et vous plaindre de votre salaire de misère.

Mais si vous voulez être le vendeur performant que vous rêvez d'être et, en bout de ligne, être fier d'avoir réussi *à votre manière*, alors achetez ce livre sans tarder, lisez-le deux fois, étudiez-le, mettez-le en pratique le plus tôt possible et revenez-y chaque jour.

Si vous voulez avoir le beurre et l'argent du beurre, ce livre est pour vous, croyez-moi.

Jeffrey Gitomer

Poursuivez votre lecture...

Le petit livre ROUGE de la vente
ne vous apprend PAS comment faire une vente, mais plutôt comment vendre une bonne fois pour TOUTES !

- **Comment lire ce livre.**

- **Comment en appliquer les principes.**

- **Comment les utiliser pour réussir.**

Ce livre est *ROUGE*, et les éléments que je souhaite faire ressortir sont en rouge. Mais sachez que tout est important, pas seulement les mots en rouge.

Ce livre doit être lu, jusqu'à ce que vous en ayez les yeux ROUGES. Il ne sera d'aucune utilité si vous ne le lisez pas de la première à la dernière partie. Je me suis donné beaucoup de mal pour éliminer le baratin. Il ne reste que l'essentiel, la viande ROUGE.

Ce livre doit être relu, jusqu'à ce que vous soyez ROUGE de plaisir, d'envie ou de colère, c'est selon. Une fois de retour dans le monde de la vente, vous trouverez des applications pour chacun des principes. Grâce à son petit format, vous pourrez l'emporter avec vous et l'utiliser au besoin dans les situations de vente qui se présenteront. Si vous en faites un fidèle compagnon, vos ventes augmenteront.

Ce livre est **MARGINAL.** Vous trouverez en marge toutes les lamentations – des *alertes rouges* – que vous avez pu pousser et même d'autres auxquelles vous n'aviez pas encore songé, ainsi que ma réponse à chacune d'elles. À la fin de votre lecture, vous aurez cessé de vous plaindre, je vous en donne ma parole.

Après chaque principe, vous trouverez dans la section intitulée **ARRÊT OBLIGATOIRE** des atouts qui vous aideront à mieux comprendre et appliquer le principe.

Ce livre, c'est aussi de l'**ARGENT**. Votre argent. Avec l'étude des principes, vos ventes augmenteront. Avec la mise en pratique des principes, elles décolleront. Et avec l'intégration des principes, elles fracasseront des records.

Poursuivez votre lecture...

Pourquoi ce livre est-il ROUGE ?

ROUGE est la couleur de la *passion*.
La passion est au cœur de la vente.
Pas de passion, pas de ventes.

ROUGE est la couleur de l'*amour*.
Si vous n'aimez pas ce que vous vendez,
vendez autre chose.

ROUGE est la couleur la plus *brillante*.
Il faut être brillant pour transformer une vente en achat.

ROUGE est la couleur la plus *visible*.
Vos clients doivent voir en vous un messager,
et non un simple baratineur.

Et *ROUGE*, c'est la couleur du *feu*.
Si vous n'avez pas le feu sacré,
un autre fera la vente à votre place.

Le vendeur doit démontrer toutes ces qualités ROUGES pour aspirer au succès. Si vous n'aimez pas la vente avec passion, si elle ne vous enflamme pas, vous perdrez le client qui ira vers un vendeur allumé. *Le petit livre rouge de la vente* n'est pas ROUGE pour rien. Ce n'est pas juste une question de principes, de conseils ou de trucs, c'est l'amour du métier. Votre passion pour l'excellence vous amènera à intégrer pleinement les principes de la vente.

La meilleure façon de lire ce livre, c'est *lentement*. Le meilleur moyen d'assimiler chacun des principes, c'est *un à la fois*.

1. Lisez chaque page deux fois, la première pour voir de quoi il s'agit et la seconde pour saisir de quoi il s'agit.

2. Demandez-vous en quoi chaque principe ou concept se rapporte à vous, à votre façon de vivre, de penser, d'agir, de réagir et de vendre.

3. Étudiez et appliquez chaque principe. Un des secrets du vendeur performant, c'est qu'il met en pratique les techniques et les stratégies au fur et à mesure qu'il en prend connaissance. La lecture n'a aucune valeur sans l'application.

4. Prenez le téléphone et plongez. En appliquant le plus tôt possible ce que vous apprenez, vous deviendrez vite l'artisan de votre propre destin.

4,5. Ne vous plaignez pas si ça ne marche pas du premier coup. Et ne me blâmez pas non plus. Ces principes fonctionnent, croyez-moi, même là d'où je viens, où les gens ont coutume de manger leurs petits.

 **OBLIGATOIRE**

Recherchez ce symbole. Il chapeaute des secrets que vous avez avantage à connaître. Des capsules qui vous diront vos quatre vérités, qui vous brasseront la cage, qui vous inciteront à l'action. Ce symbole vous sera TRÈS utile.

Quelle est la différence entre l'échec et le succès du vendeur ?

Que faut-il pour réussir dans la vente ?

Je veux réussir ! Je veux réussir !

Aucun remède miracle ni baguette magique ne fera apparaître le succès dont vous rêvez. Mais quel est alors le secret de la réussite ? À vrai dire, c'est une formule qui n'a rien de secret et qui s'appuie sur 18,5 principes, stratégies et actions qui vous guideront sur la voie du succès.

Bon, d'accord ! Il s'agit de critères essentiels à la réussite dans la vente comme dans les affaires, connus depuis des siècles. Ce sont des qualités communes aux champions. Voici les 18,5 secrets du succès (demandez-vous si vous possédez chacune des qualités suivantes) :

1. **Croire en soi.** Il faut d'abord adopter l'attitude mentale qui mène au succès. Dites-vous que vous êtes capable de réussir, et croyez-vous. Cette certitude doit englober le produit que vous vendez et, possiblement, l'entreprise pour qui vous travaillez. Un système de croyances bien établi semble l'évidence même, mais peu de gens en ont un. Trop de vendeurs se tournent vers l'extérieur (l'argent à faire) plutôt que vers l'intérieur (l'argent à gagner). La chose la plus difficile à faire, c'est de se croire le meilleur et de se croire

capable de grandes réalisations. Chaque jour, il faut compter sur soi pour se prendre en main, s'encourager et se parler. *Dans quelle mesure croyez-vous en vous ?*

2. **Créer un environnement favorable.** Le bon environnement à la maison et au travail est un réel encouragement. Un partenaire, des enfants et des collègues qui vous appuient aplaniront la route qui mène au succès. C'est à vous de créer l'environnement. *Dans quelle mesure votre environnement favorise-t-il votre attitude et votre réussite ?*

3. **Bien choisir ses fréquentations.** Fréquentez les bonnes personnes, celles qui ont réussi. Circulez dans leurs réseaux, vous y trouverez vos meilleurs clients. Devenez membre des bonnes associations. Ayez les bons amis et tenez-vous loin des empoisonneurs, ceux qui ne semblent aller nulle part. Trouvez-vous un mentor, et même deux ou trois. Examinez vos fréquentations, car vous deviendrez probablement comme ces gens. *Dans quelle mesure les gens que vous fréquentez ont-ils réussi ?*

4. **S'exposer à la nouveauté.** Si vous n'apprenez pas quelque chose de nouveau chaque jour, votre concurrence, elle, le fait. L'information nouvelle est essentielle à la réussite (à moins que vous ne soyez comme la plupart des vendeurs qui savent déjà tout, chanceux va !) *Combien de temps passez-vous chaque jour à apprendre du nouveau ?*

5. **Planifier sa journée.** Comme vous ne savez pas quel jour le succès va vous tomber dessus, mieux vaut être toujours prêt. Définissez vos objectifs et la marche à

suivre pour les atteindre. L'apprentissage et les objectifs sont les deux meilleures façons de se préparer au succès. *Vos plans et vos objectifs sont-ils bien en vue ?*

6. **Devenir précieux.** Plus vous serez précieux, plus le marché vous récompensera. Donnez d'abord. Faites-vous connaître comme une personne-ressource et non comme un vendeur. Votre valeur est fonction de votre compétence et de votre empressement à aider les autres. *Dans quelle mesure êtes-vous précieux pour les autres ?*

7. **Connaître les réponses que les clients recherchent.** Plus vous saurez résoudre les problèmes, plus le chemin vers le succès sera aisé. Les clients ne veulent pas des faits, ils veulent des réponses. Pour connaître ces réponses, vous devez savoir mieux que les autres ce qu'il faut faire, et savoir l'expliquer de manière à ce que le client puisse utiliser vos suggestions. *Vos réponses sont-elles bonnes ?*

8. **Savoir reconnaître les occasions.** Soyez vigilant et saisissez les occasions prometteuses. L'important, c'est d'adopter et de conserver une attitude positive. Cette bonne attitude vous ouvrira les yeux et vous permettra de reconnaître les occasions lorsqu'elles se présentent, car elles arrivent souvent déguisées en obstacles. *Réussissez-vous à bien cerner les occasions ?*

9. **Savoir profiter des occasions.** Primo, il faut les reconnaître (sous une couche d'obstacles). Deuzio, il faut passer à l'action. Les occasions sont difficiles à saisir. Il y en a partout, mais peu de gens parviennent à les voir. Certains en ont même peur, car elles les obligent à changer et ils s'en croient incapables. *Profitez-vous des occasions ?*

10. **S'assumer.** Nous blâmons tous les autres, dans une certaine mesure. Le blâme est inversement proportionnel à la réussite. Moins vous blâmerez les autres, plus vous irez loin. À vous de livrer la marchandise, coûte que coûte. Les blâmes mesquins sont endémiques et une pure perte de temps. Assumez la responsabilité de vos actes et de vos décisions. Il est facile de jeter le blâme, mais cela aboutit à la médiocrité. Pour réussir, il faut assumer tout ce qu'on fait ET tout ce qui nous arrive. *Vous blâmez-vous ou assumez-vous la responsabilité de vos actions ?*

11. **Passer à l'action.** Faites-le, c'est tout. Ou comme le disait Nike dans les années 1990, *Just do it.* L'action, c'est le pont entre les objectifs et les réalisations. Rien ne bouge tant qu'on ne passe pas à l'action, un jour à la fois. *Êtes-vous une personne d'action ou un GPPF (grand parleur, petit faiseur) ?*

12. **Se tromper.** Rien de mieux pour apprendre que d'échouer. Le réveil est parfois brutal, mais l'échec est un terrain fertile qui nourrit la détermination. N'associez pas l'échec à l'erreur, mais plutôt à une expérience qu'il vaut mieux éviter de répéter. *Dans quelle mesure êtes-vous prêt à vous tromper ?*

13. **Accepter de prendre des risques.** C'est un élément capital. Qui ne risque rien n'a rien, ne l'oublions pas. Prendre des risques est le propre des gens qui réussissent. La plupart des gens n'en prennent pas, croyant avoir peur de l'inconnu. Leur frilosité tient plutôt au fait qu'ils n'ont pas reçu la préparation et l'éducation qui donnent l'assurance voulue pour tenter sa chance. Or, le risque est le fondement même

du succès. Si vous voulez réussir, vous seriez mieux de risquer ce qu'il faut pour y parvenir. *Dans quelle mesure êtes-vous disposé à prendre des risques ?*

14. **Ne pas perdre de vue la récompense.** Affichez vos objectifs de manière à les voir tous les jours. Vos rêves se réaliseront si vous ne les perdez pas de vue. Trop de distractions plus ou moins superficielles vous feront dévier du droit chemin. *Accordez-vous vraiment la priorité à votre réussite ? Autant qu'à vos loisirs ?*

15. **Cultiver l'équilibre.** Le bien-être physique, spirituel et émotionnel joue un rôle central dans la quête du succès. Planifiez votre temps de manière à créer une synergie entre vos objectifs personnels et professionnels. *Êtes-vous bien centré ?*

16. **Investir et non dépenser.** Il devrait y avoir un écart de 10 % ou 20 % entre vos revenus et vos dépenses. Mettez le ciseau dans vos cartes de crédit et faites quelques placements, avec l'aide d'un professionnel. *Investissez-vous dans votre avenir chaque mois ?*

17. **Persévérer jusqu'à la victoire.** La plupart des gens échouent parce qu'ils abandonnent trop vite. Ne soyez pas du nombre. Faites un plan ET engagez-vous à le respecter, sans faute. Ne jetez pas la serviette à la ligne des 10 verges. Faites ce qu'il faut pour marquer des points. *Combien de projets avez-vous abandonnés avant terme ?*

18. **Développer et conserver une attitude positive.** Étonnamment, peu de gens le font. Lorsqu'ils arrivent enfin au sommet, la plupart ont développé un cynisme

irréversible. Mais avec une attitude positive, la route du succès est beaucoup plus facile... et agréable. *Votre attitude est-elle suffisamment positive ?*

18,5. **Ignorer les idiots et les faux dévots.** Aussi connus sous le nom d'emmerdeurs, ces gens ne feront que vous mettre des bâtons dans les roues, n'ayant rien de mieux à faire. Évitez-les à tout prix.

Je vous l'avais bien dit, pas de grandes révélations. Mais comment se fait-il que ces qualités, si simples en apparence, soient si difficiles à acquérir ? Réponse : le manque de discipline personnelle et d'engagement envers l'apprentissage à vie. Eh oui, on n'y échappe pas.

Je suis à la fois étonné et déçu du petit nombre de gens disposés à exercer la simple discipline quotidienne indispensable à la réussite. Les gens savent que la discipline leur apportera le succès dont ils rêvent, mais ne se l'imposent pas pour autant.

Dans la vente comme dans tout effort professionnel, la victoire revient la plupart du temps à la personne qui la veut mordicus. Ce n'est ni une question de rapidité (rappelez-vous le lièvre et la tortue), ni de force (David et Goliath), ni d'argent (le microcrédit).

La victoire que nous nommons succès revient à la personne qui s'est le mieux préparée, qui croit en elle, qui a les bons contacts, qui est autodidacte et responsable, qui cerne les occasions et accepte de courir un risque pour les saisir, parfois même un grand risque. Répondez-vous à l'appel ?

Voilà le secret, et il n'a rien de bien sorcier. Ce n'est pas de la physique nucléaire ni de la neurochirurgie. Maintenant que je l'ai dit à des milliers de personnes, on pourrait s'attendre à une vague de réussites. Eh bien non !

On considère la formule du succès comme un secret parce qu'elle demeure énigmatique. Il semble y avoir très peu de gens prêts à faire l'*effort* d'aller du point A, là où ils se trouvent, au point B, là où ils aimeraient se trouver. La plupart inventent des excuses et blâment les autres pour leurs mauvais choix.

Le plus grand secret du succès (et le plus grand obstacle à son atteinte), c'est vous. La formule est là, on la connaît tous, mais il y a un MONDE entre savoir ce qu'il faut faire et le faire.

Maintenant que vous connaissez la différence, pourquoi certains d'entre vous échoueront-ils quand même ? Les réponses sont dans ce livre. Mais comme l'a dit mon ami Harvey Mackay, ne lisez pas ce livre. Étudiez-le !

Quelle est votre plus grande peur : parler en public, être rejeté ou échouer ?

On dit que la peur de parler en public est plus grande que la peur de la mort. Voyons donc ! Je pense que si on vous mettait un fusil sur la tempe et qu'on vous donnait le choix entre parler en public ou mourir, vous trouveriez en vous une fibre oratoire insoupçonnée.

De nombreux vendeurs sont angoissés à l'idée de donner des présentations. Mais la plus grande peur du vendeur, et de loin, c'est celle de l'échec et de son cousin, le rejet. Le rejet mène tout droit à l'échec, si vous le craignez. Bien que l'échec soit réel, la peur de l'échec, elle, est une vue de l'esprit.

Comme cela est dit sur le légendaire CD d'Earl Nightingale, *The Strangest Secret*, on devient ce à quoi on pense. Si c'est vrai, pourquoi ne pense-t-on pas tous au succès ? La réponse dépend à la fois de ce à quoi on s'expose et de la manière dont on se conditionne.

Nous vivons dans un monde de conditionnement négatif dont les trois principaux motivateurs sont la peur, l'avidité et l'orgueil. En Amérique du Nord, c'est le trio qui motive tant le processus de vente que le vendeur.

Notre société carbure à la peur. La moitié des publicités exploite la peur et l'autre, l'avidité et l'orgueil. Les assurances vie et invalidité, la perte de cartes de crédit, l'antigel pour le moteur calé, les pneus qui s'agrippent à la chaussée mouillée, les freins qui permettent d'éviter l'enfant à vélo, les systèmes de sécurité qui repoussent les cambrioleurs. Si on en voit suffisamment, on finit par être conditionné par la peur.

On nous rappelle constamment d'avoir une bonbonne de gaz irritant contre les agresseurs, d'acheter un système d'alarme pour le domicile et d'équiper la voiture d'un dispositif antivol. Et ça ne s'arrête pas là : on voit maintenant des policiers aux guichets automatiques et des détecteurs de métal dans les écoles, et on peut compter sur les actualités locales pour amplifier la tendance.

Une fois la peur bien inculquée, il est tout naturel de l'intégrer au milieu de travail et là, elle se transforme en peur de l'échec, qui s'intensifiera si l'environnement est hostile – des patrons qui menacent, intimident, ridiculisent...

Au beau milieu de tout ça, nous luttons pour la réussite. Et croyant ainsi avoir peur de l'échec, ou à tout le moins ne pas en vouloir dans notre entourage, nous y sommes confrontés d'une manière ou d'une autre jour après jour. Tout le monde échoue, mais l'échec est relatif et sa mesure est subjective. L'échec se produit généralement dans la tête. Il suffit de remplacer « J'ai échoué » par « J'ai appris ce qu'il ne faut plus jamais faire » pour adopter une tout autre perspective. À chacun de déterminer la nature de l'échec.

Au fil des ans et des échecs et avec beaucoup de pratique, j'ai mis au point un excellent moyen d'aborder l'échec : ou bien j'en tire une leçon, ou bien je l'oublie.

Thomas Edison a échoué 6 000 fois avant d'inventer l'ampoule électrique. Donald Trump a accumulé des échecs monumentaux en route vers la gloire. Mike Schmidt, troisième but des Phillies de Philadelphie, a raté son coup au bâton deux fois sur trois pendant 20 ans, ce qui ne l'a pas empêché de se retrouver au Temple de la renommée du baseball. Ces hommes étaient-ils des ratés ? Craignaient-ils l'échec ?

Dans la vente, il y a des degrés d'échec. *Voici quelques échecs qui ont des causes externes :*

- **Mal se préparer.**

- **Ne pas se faire de contacts.**

- **Rater une vente.**

- **Ne pas atteindre un quota.**

- **Ne pas conserver un emploi.**

On intériorise les craintes qui viennent de l'extérieur – la peur de ce qui va se produire lorsqu'on échoue ou qu'on est sur le point d'échouer. C'est notre réaction aux craintes intérieures qui détermine notre sort. L'important n'est pas ce qui arrive, mais la réaction à ce qui arrive. *Voici les 6 réactions communes au rejet ou à l'échec :*

1. Le maudire.
2. Refuser de l'admettre (une façon polie de dire se conter des menteries).
3. L'éviter.
4. Le justifier par une excuse.
5. Blâmer les autres (la chose la plus facile à faire).
6. Abandonner.

En fait, il y a échec seulement si on décide d'abandonner, et la responsabilité du résultat revient à chacun. *Voici des choses assez simples à faire pour éviter de se rendre à l'étape de l'abandon :*

- Savoir qu'on peut rater quelque chose sans être soi-même un raté.

- Rechercher la cause de l'échec et trouver la solution (en procédant par élimination, on finira bien par trouver).

- Cerner les occasions offertes par l'échec.

- Se demander quelle leçon on en tire, puis essayer de nouveau.

- Ne pas se morfondre en compagnie d'autres ratés. Trouver une personne qui réussit et la fréquenter.

Voici des choses un peu moins simples à faire pour éviter de se rendre à l'étape de l'abandon :

- Se créer un nouvel environnement.

- Cultiver de nouvelles relations.

- Découvrir de nouvelles informations.

- Se fabriquer un nouveau paysage mental, de nouvelles pensées d'arrière-plan.

Il est toujours trop tôt pour abandonner.

Peur de parler en public ou peur d'échouer, laquelle est la plus grande ? Si on considère les complications et les ramifications qu'entraîne l'échec, donner une allocution devant un millier de personnes, en comparaison, c'est une partie de plaisir.

L'information est ici, le défi est lancé,
et la suite dépend de vous.
Je peux vous mener jusqu'à la fontaine,
mais pas vous forcer à boire.
De petite gorgée en petite gorgée,
l'eau se changera en champagne,
et avant d'y tremper
les lèvres, vous pourrez trinquer
à votre succès.

Les 12,5 principes brillants qui feront exploser vos ventes

Réussir à vendre, une fois pour toutes

Principe 1
SE BOTTER LE DERRIÈRE

➤➤ Se botter le derrière, une philosophie.

➤➤ Au secours ! Je déprime et je n'arrive
plus à vendre.

ARRÊT OBLIGATOIRE

● Mauvaise journée ou mauvaise attitude ?

● La philosophie commande l'attitude.

● Cultiver une attitude affirmative. OUI, monsieur !

● Vive l'effort, et non la victoire.

● On sait quoi faire, mais on ne le fait pas.

● Gérer son temps : qu'est-ce qui compte maintenant ?

● Être égoïste.

*« C'est un outil motivationnel de mon invention.
C'est un peu comme la carotte et le bâton, mais en plus efficace. »*

▸▸ Se botter le derrière, une philosophie.

Avez-vous déjà eu une mauvaise journée ? Avez-vous déjà raté une vente alors que vous pensiez que l'affaire était dans le sac ? Vous êtes-vous déjà fait dire non 10 fois de suite, ou oui par un type qui s'est éclipsé trois jours plus tard ? Y a-t-il des gens que vous n'arrivez pas à joindre au téléphone ? des appels qu'on ne vous retourne pas ?

Comment réagissez-vous à ces situations ?

Avez-vous toute la formation de vente nécessaire ? Regardez-vous la télé le soir alors que vous devriez lire un livre sur la vente ou préparer la rencontre du lendemain ? Faites-vous la fête quand ce n'est pas le moment ? Arrivez-vous au travail *à temps*, plutôt que de passer voir un client et faire une vente dans la matinée ?

Ce sont là des symptômes, pas des problèmes. Des symptômes causés par votre manque de motivation et d'initiative. Vous n'assumez pas la responsabilité de vos ventes ; vous considérez votre situation comme un emploi, et non une carrière.

Vous aimeriez changer ça, hein ? Vous aimeriez connaître un moyen sûr d'obtenir le succès, l'argent, le sentiment d'accomplissement et la satisfaction personnelle qui viennent avec une carrière dans la vente ?

Voici la réponse…

Bottez-vous le derrière !

Personne ne le fera pour vous. Personne ne tient vraiment à vous aider. Très peu vous inspireront et encore moins se soucieront de vous. Les gens se soucient d'eux-mêmes. Tout comme vous.

Les vendeurs (sauf vous, bien entendu) ont tendance à se plaindre. Les affaires stagnent, on ne retourne pas vos appels, la concurrence coupe les prix, les plaintes habituelles, quoi. Des lamentations séculaires. Si vous voulez une police d'assurance succès pour vendeur, vous feriez mieux de vous l'émettre personnellement, de la payer et de vous désigner à la fois comme détenteur et bénéficiaire. Ensuite, ayez le culot de signer le document et de vous engager complètement envers vous-même.

ALERTE ROUGE

« Ils ne veulent pas me donner de formation. »

Ne venez pas vous plaindre de ce que votre patron est un imbécile. Trouvez-vous un nouveau patron. Ni de ce que les clients ne retournent pas vos appels. Laissez des messages plus intéressants dans leurs boîtes vocales. Et encore moins du fait que votre employeur refuse de vous donner un ordinateur portatif. On en vend dans tous les magasins d'électronique. Allez en acheter un.

Prenez le temps, tout de suite, de faire l'inventaire de votre bibliothèque. Combien de références (livres, DVD, etc.) sur la vente, les techniques de présentation, l'attitude positive, la créativité et l'humour consultez-vous tous les jours ? Pas suffisamment, j'en suis certain.

Peu importe votre situation professionnelle, votre succès actuel, votre employeur, votre patron, votre ce que vous voulez, vous avez envers vous-même la responsabilité de réussir, d'atteindre le degré de réussite que vous vous êtes fixé. Oubliez les quotas, ces conneries mises au point par des gestionnaires qui seraient incapables d'aller sur le terrain et d'atteindre les cibles même si leur vie en dépendait. En tant que vendeur performant, vous devriez atteindre vos quotas dans les deux premières semaines du mois et empocher de l'argent dans les deux suivantes. Votre supérieur devrait vous demander comment vous vous y prenez. Le président de la boîte devrait vous téléphoner pour vous féliciter.

Vous voulez un bon tuyau ? Rien de tout cela ne se produira à moins que vous ne soyez votre propre source d'inspiration et de détermination. Vous devez travaillez fort, vous mettre au boulot avant tout le monde et y être encore quand les autres seront couchés. Se botter le derrière, c'est une évidence. Élémentaire, mon cher !

ALLEZ, ON SE BOUGE !

« À vous de vous former. »

C'est une règle sacrée que chaque vendeur, vous y compris, doit suivre tous les jours. Dès que possible, mettez-vous dans la tête que personne ne vous apportera le succès sur un plateau. C'est à vous de vous le donner. Il y a 25 ans, je faisais les cent pas devant mon hôtel à Chicago, en attendant mon client, Mel Green, le PDG d'Advance Process. C'était en février, la neige me fouettait le visage et le jour n'était pas encore levé. Après que je me sois réchauffé dans sa voiture, Mel a commencé à me parler de son dernier projet et, comme d'habitude, tout ce qu'il touchait se transformait en or. « Dieu que vous êtes chanceux », lui ai-je dit. « Travailler fort, ça rend chanceux », m'a-t-il répondu avec un clin d'œil.

Cette réponse venait de m'ouvrir toutes grandes les portes de la fortune. Et elle peut en faire autant pour vous.

ALERTE ROUGE

« Ils ne veulent pas m'acheter un ordinateur portatif. »

Il y a probablement des gens qui n'apprécient pas ma personnalité, ma philosophie ou mon style, mais tous reconnaissent que je travaille comme un cinglé.

Pleurnichard
en chef

Hélas, j'ai découvert que les vendeurs ne se donnent pas le proverbial coup de pied au derrière : la plupart d'entre eux ne bûchent pas assez pour que la vente devienne facile.

Et j'ai aussi découvert une autre chose, encore plus importante : il faut travailler comme un déchaîné. Vous pourrez appliquer tous les autres principes presque les doigts dans le nez si vous bossez comme un fou. Vos efforts se traduiront par des ventes du tonnerre, votre fortune grossira et vous serez fou… de joie.

ALLEZ, ON SE BOUGE !

« Les ordinateurs portatifs sont en solde au magasin d'électronique. »

Investissez dans votre avenir :
achetez votre propre ordinateur portatif !

▸▸ Au secours ! Je déprime et je n'arrive plus à vendre.

C'est le creux de la vague ? Pas suffisamment de ventes ? Aucune, même ? Incapable de sortir de cette mauvaise passe ? Est-ce la faute de l'économie ou la VÔTRE ?

Il se peut que vous ne soyez pas dans un creux si terrible, mais simplement que vous n'atteigniez pas vos quotas. Soyons indulgents et parlons plutôt de résultats décevants.

- **Ne paniquez pas.**
- **Ne vous mettez pas trop de pression.**
- **Ne retournez pas le fer dans la plaie.**
- **Ne vous fâchez pas.**
- **Et de grâce, n'abandonnez pas.**

ALERTE ROUGE

« Mon patron ne me motive pas. »

D'accord, l'économie stagne, mais ne mettez pas votre contre-performance sur le compte du *marasme* avant d'avoir fait votre examen de conscience.

Examinez plus attentivement le *creux* avant de blâmer l'économie. En voici les principales causes :

Un système de croyances fragile. Vous ne croyez pas que votre employeur ou votre produit soit le meilleur. Vous ne croyez pas non plus être le meilleur.

Des habitudes de travail inadéquates. Vous vous pointez au travail tard ou tout juste à l'heure. Vous ne passez pas votre temps avec des gens en position de dire « oui ».

Des mauvaises impressions qui tournent au dépit. Vous pensez que vos prix sont trop élevés, ou que votre territoire est pourri.

Trop de pression externe. Causée par des problèmes financiers ou familiaux, des difficultés personnelles.

Des habitudes personnelles néfastes. Trop d'alcool, trop de bouffe, trop de sorties après les heures de travail.

Un patron qui vous engueule au lieu de vous soutenir. On vous dit « Vous êtes mieux de réussir » plutôt que « Je sais que vous êtes capable de réussir ».

Des circonstances qui sont contre vous. Un nouveau vendeur est plus performant que vous, la promotion que vous méritiez vous passe sous le nez.

ALLEZ, ON SE BOUGE !

« À vous de vous motiver. »

Un client qui annule une grosse commande. Cela mine votre confiance en vous ou vous cause de graves problèmes d'argent, ou les deux.

La dépression qui vous gagne. Toutes les raisons mentionnées ci-dessus peuvent vous déprimer.

Lorsque vous êtes dans le creux de la vague, vous cherchez à remplir votre carnet de commandes plutôt que de vous en tenir à votre plan de match, c'est-à-dire vendre pour venir en aide à l'autre personne et laisser transparaître la sincérité de votre démarche. Lorsque vous êtes sous pression, le client le sent et fait marche arrière.

Les choses se mettent à aller de mal en pis. Vous n'arrivez plus à vendre, la panique s'installe. «Oh! mon Dieu, je ne vends plus rien. On va me virer, je ne pourrai plus payer l'hypothèque ni les comptes. Aaaahhhhh!» Fausse alerte. Respirez par le nez. Vous êtes meilleur que ça.

Qu'est-ce qui vous a mis dans ce creux, ou plutôt qui? Vous, qui d'autre! Vous êtes donc la personne la mieux placée pour vous sortir de là. Voici le remède aux ventes anémiques:

• **Revenez aux facteurs de base.** D'habitude, ce qui ne tourne pas rond est simple. En fait, vous savez probablement ce qui ne va pas, mais vous croyez qu'il s'agit de la faute de quelqu'un ou de quelque chose. Faux. Cernez deux ou trois choses qui ont besoin d'une attention immédiate, et remuez-vous.

• **Relisez votre plan de réussite ou dressez-en un nouveau.** Aujourd'hui.

- **Trouvez cinq choses que vous pourriez faire pour travailler mieux ET plus fort.** Élaborez un plan qui vous permettra de travailler avec toute l'intelligence que vous possédez ou que vous dites posséder. Si vous travaillez fort, la chance pourra vous sourire.

- **Modifiez votre présentation.** Essayez une nouvelle approche. Adoptez la perspective du client.

- **Parlez à vos cinq meilleurs clients.** Demandez-leur d'évaluer votre situation.

- **Demandez à quelqu'un que vous respectez d'évaluer votre présentation.** Demandez-lui de vous accompagner chez un client. Trouvez-vous un coach.

- **Visitez votre mentor.** Après avoir concocté un nouveau plan pour en discuter avec lui.

- **Arrivez au travail une heure avant tout le monde.** Soyez plus efficace.

- **Restez à l'écart des pleurnichards.** Ne vous enfoncez pas davantage en vous plaignant ou en fréquentant une bande de ratés.

- **Tenez-vous avec des gens qui ont une attitude positive, qui réussissent.** Un excellent moyen de parvenir au succès.

- **Amusez-vous.** Allez voir le spectacle d'un humoriste, faites un peu plus de ce que vous aimez (à moins que les plaisirs excessifs ne soient à l'origine de votre creux).

- **Passez une demi-heure par jour (le matin de préférence) à lire sur l'attitude positive.** Ensuite, dans la voiture, écoutez à longueur de journée des CD qui parlent d'attitude positive et de vente.

- **Écoutez votre chanson préférée avant de donner une présentation.** Arrivez chez votre client en fredonnant.

- **Prenez une journée de congé.** Relaxez, faites le point, élaborez un plan, rassemblez vos esprits, rechargez vos piles et revenez au boulot avec une détermination et une énergie renouvelées.

- **Réarrangez votre bureau.** Remuez les choses un peu, donnez-leur un petit air de nouveauté.

- **Faites un enregistrement audio de votre présentation.** Puis écoutez-la dans la voiture tout de suite après. Prenez des notes et apportez des correctifs au besoin.

- **Faites un enregistrement audiovisuel de votre présentation.** Regardez-le avec des gens capables de vous donner une rétroaction constructive.

- **Demandez au meilleur vendeur de votre connaissance de vous accompagner une journée durant chez vos clients.** Demandez-lui une évaluation écrite après chaque visite.

- **Pendant une semaine, faites-vous accompagner par votre supérieur chez vos clients.** Vous aurez plus de rétroaction que vous en voudrez, mais ça vous aidera.

- **Faites la sourde oreille aux commentaires négatifs et fuyez comme la peste les gens négatifs.** Trouvez des gens qui vous encourageront, pas des gens qui vous rabaisseront.

Lorsqu'un joueur de baseball n'arrive plus à frapper la balle, il fait tout ce qui est en son pouvoir pour *faire tourner la chance* : des gestes superstitieux (patte de lièvre, ne pas se raser, porter des sous-vêtements roses, par exemple), une nouvelle position au bâton, écouter des DVD ou des conseils de l'entraîneur.

Mais la chose qui met habituellement fin à la mauvaise passe, c'est de frapper des balles jusqu'à retrouver le rythme. La base, toujours la base !

Comme vous, les joueurs de baseball possèdent la compétence professionnelle, mais elle s'est égarée temporairement. Comme vous, ils sont revenus à l'essentiel pour la retrouver.

Autres réflexions sur les creux. Le meilleur moyen de sortir du creux, c'est de garder le sens des proportions. Lorsque vous aurez accepté le fait que vous pouvez changer les choses, vous vous sortirez du trou. Soyez *cool* – vous êtes le meilleur, si vous croyez l'être. Faites confiance à la personne la plus importante du monde : vous.

- **Les ventes stagnent ?**
- **Remuez-vous un peu, sinon on va vous virer.**

ARRÊT OBLIGATOIRE

● **Mauvaise journée ou mauvaise attitude?** Les gens blâment souvent les aléas de la journée pour justifier leur attitude. «Quelle mauvaise journée», dites-vous. Mais c'est faux. La réalité, c'est que vous avez laissé les autres et les circonstances agir sur vous. Une telle *attitude* est non seulement injustifiable, mais c'est aussi un signe de faiblesse mentale. Si vous vous dites que vous passez une mauvaise journée, elle sera mauvaise, garanti. Mais si vous vous dites que vous passez une excellente journée, elle le sera. La journée n'est pas mauvaise tant que vous ne le dites pas.

● **La philosophie commande l'attitude.** «L'attitude commande l'action, l'action les résultats, et les résultats le mode de vie.» C'est une citation du philosophe Jim Rohn. Si vous n'aimez pas votre mode de vie, examinez vos résultats. Si vous n'aimez pas vos résultats, examinez vos actions. Et si vous n'aimez pas vos actions, examinez votre attitude. Si vous n'aimez pas votre attitude, examinez votre philosophie.

> **En général, les vendeurs font l'erreur fatale
> de commencer au milieu, par les «actions».**

Si vous n'avez pas de philosophie et que votre attitude est nulle, quel genre d'actions allez-vous entreprendre? Et si je vous demandais à l'instant quelle est votre philosophie, vous répondriez probablement: «Euh…»

● **Cultiver une attitude affirmative. OUI, monsieur!** Il existe une différence subtile entre l'attitude positive et l'attitude affirmative. Les deux sont excellentes, mais l'attitude affirmative, plus énergique, consiste à considérer que tout commence par *oui*, même quand c'est *non*. L'attitude affirmative entraîne une réponse plus déclarative. En un mot, elle dit aux gens que vous répondrez à leurs attentes et que, d'une manière ou d'une autre, votre réponse à leurs désirs ou à leurs besoins sera positive. Tout le monde aime se faire dire *oui*, et si vous croyez être une personne affirmative, vous serez non seulement dans un état d'esprit positif, mais vous aurez aussi des attentes positives.

● **Vive l'effort, et non la victoire.** Trop souvent, les vendeurs et leurs employeurs ne célèbrent que la conclusion de la vente. C'est important, certes, mais pas plus que de célébrer tout ce qui a permis à la vente de se réaliser. L'éthique professionnelle, votre éthique de travail à bien y penser, vous vaudra plus de ventes que tout autre élément de votre arsenal. Pour moi, il n'y a pas de plus beau compliment que d'entendre quelqu'un dire : « Oh, cette Marie, elle travaille vraiment fort. »

● **On sait quoi faire, mais on ne le fait pas.** Les vendeurs sont les gens les plus futés du monde. De présentation en présentation, je rencontre des vendeurs qui ont un trait en commun : ils savent déjà tout. Le hic, c'est qu'ils n'en font rien. Il y a un monde entre savoir et agir, et la plupart des vendeurs n'ont aucune idée de la portée de cette nuance. Au fil des pages, ne vous dites pas : « Je sais ça. » Demandez-vous plutôt : « Suis-je bon dans ça ? » Cette question vous fera faire beaucoup de chemin.

● Gérer son temps : qu'est-ce qui compte maintenant ? Les cours de gestion du temps sont pas mal tous une perte de temps. Vous savez ce que vous avez à faire. Vous savez même quand le faire. Vous avez plutôt besoin de cours sur la procrastination, l'estime de soi, la peur du rejet, la préparation, etc. Vous pourrez ainsi faire les choses que vous ne croyez pas avoir le temps de faire, alors que vous les évitez tout simplement.

● Être égoïste. Le faire pour soi. L'égoïste gagne.

> Pour donner aux autres le MEILLEUR de vous-même, vous devez être le MEILLEUR pour vous-même.

Pour être le meilleur vendeur, il faut d'abord être la meilleure personne possible. Pour être le meilleur parent, il faut être la meilleure personne possible. Ce n'est qu'à partir du moment où l'on touche à ce qu'il y a de mieux pour nous et en nous qu'on peut l'offrir aux autres. Ça peut paraître égocentrique à première vue, mais si vous y réfléchissez bien, vous verrez que vos efforts seront fructueux lorsque vous donnerez le meilleur de vous-même.

Principe 2

ÊTRE PRÊT À GAGNER, OU PERDRE AUX MAINS D'UN VENDEUR QUI L'EST

» Toujours prêt ! La devise des scouts depuis plus d'un siècle.

ARRÊT OBLIGATOIRE

● Faire ses devoirs.

● Êtes-vous là pour gagner ou pour râler ?

● « La journée de travail commence la veille. »

● Travailler pendant que les autres dorment.

« Notre émission habituelle ne sera pas diffusée ce soir, car vous avez des factures à régler et ça ne vous tuera pas de travailler quelques soirs par semaine. »

Seulement 5 % d'entre vous fermeront la télé et les autres continueront de la regarder. (Hé, levez la main si vous faites de l'argent en regardant la télé. Simple curiosité !)

▸▸ Toujours prêt ! La devise des scouts depuis plus d'un siècle.

Que devez-vous savoir au sujet des activités du client avant de le rencontrer ? Si vous entrez dans son bureau pour lui dire : « Parlez-moi un peu de vos affaires », de quoi aurez-vous l'air ? D'un vendeur qui ne s'est PAS DU TOUT PRÉPARÉ. Se préparer, c'est consulter le site Web du client, imprimer quelques informations stratégiques, les lire, prendre des notes pour pouvoir demander des éclaircissements ou plus de renseignements, mais pas poser des questions comme un IGNORANT DE PREMIÈRE.

NOTE : Pour être bien sûr qu'on se comprend, « parlez-moi un peu de vos affaires » est la troisième chose la plus stupide que vous pouvez dire ou demander au client. La deuxième, c'est : « Permettez-moi de vous parler un peu de mes activités. » Le client n'en a RIEN À CIRER, de vos activités, et en sait probablement déjà assez pour ne pas vouloir en entendre davantage. Quelle est la première chose la plus stupide ? Je vous l'indiquerai plus loin. Examinons plutôt comment se renseigner sur le client et ses activités avant d'aller à sa rencontre.

1. **Internet.** Ne vous contentez pas de naviguer sur le site du client. Faites une recherche dans Google ou dans d'autres moteurs. Vous trouverez peut-être un article ou d'autres données importantes. Entrez ensuite le nom de la personne que vous allez rencontrer. Puis celui du PDG. Et dites-moi comment il se fait que vous n'ayez pas rendez-vous avec le PDG ?

(Je vous pique un peu, là.) En passant, si vous cherchez le nom de votre client et ne trouvez rien, c'est révélateur.

2. **La documentation.** Même si les documents promotionnels sont remplis de vantardises, on y trouve parfois de l'information sur des changements d'orientation et sur les parts de marché. On y apprend aussi l'opinion que l'entreprise a d'elle-même et de ses produits.

3. **Les fournisseurs de l'entreprise.** Habituellement peu loquaces, les fournisseurs peuvent vous dire comment l'entreprise mène ses affaires et vous renseigner sur la manière dont vous serez payé. De l'information précieuse pour dire le moins. Les fournisseurs sont une ressource rarement mise à contribution.

ALERTE ROUGE

« Qu'est-ce qu'il y a à la télé ce soir ? »

4. **Les concurrents de l'entreprise.** Bonjour les ragots ! Posez des questions informelles sur la façon dont l'entreprise décroche ses contrats – vous saurez un peu à quoi vous attendre dans vos négociations avec elle. Aussi, une entreprise qui est détestée par la concurrence est habituellement prospère. Les concurrents détestent les gens qui leur enlèvent des contrats.

5. **Les clients de l'entreprise.** Les clients parlent. Ils vous donneront l'heure juste sur les livraisons, l'organisation, la qualité

et vous feront de subtiles observations qui vous vaudront peut-être une longueur d'avance sur la concurrence.

6. **Les gens dans votre réseau qui connaissent l'entreprise.** Avec un petit courriel demandant de l'information à votre groupe restreint, vous récolterez toujours une chose ou deux, parfois même le filon que vous cherchiez.

7. **Le personnel de l'entreprise.** Il se peut que le service d'administration vous vienne en aide, mais n'y comptez pas. Adressez-vous plutôt aux relations publiques ou au marketing.

8. **La meilleure ressource et la plus sous-utilisée : le service des ventes.** Les vendeurs vous diront tout, jusqu'aux détails que vous aurez du mal à croire.

8,5. **Une recherche sur vous dans Google.** Vous voulez souffrir ? Recherchez votre nom. Êtes-vous là ? Quelle place occupez-vous dans Internet ? Et si l'entreprise faisait une recherche sur vous, que trouverait-elle ? S'il n'y a rien, ça en dit long.

ALLEZ, ON SE BOUGE !

« La journée de travail commence la veille. »

– Le grand-père de Scott Crawford

Jetez-moi cette télécommande.

Et ça ne s'arrête pas à Internet. Il y a aussi les connaissances mutuelles, les appels à quelques fournisseurs et peut-être quelques clients. En gros, il s'agit d'obtenir de l'information VITALE qui se rapporte à l'achat de votre produit ou service. Encore une chose dans votre préparation : fixez-vous un ou deux objectifs à atteindre lors de cette rencontre.

Bien se préparer prend du temps, mais je vous assure que le client sera impressionné. Il sait que vous vous êtes préparé et vous admire en silence. Rares sont les vendeurs qui jouent cette carte. La plupart font la grave erreur de préparer leur propre matériel. Une présentation PowerPoint, des échantillons, de la documentation, des cartes professionnelles – vous savez, le même *modus operandi* que la concurrence. C'est la plus grosse erreur du vendeur, et presque tous la commettent.

ALERTE ROUGE

« Qui vient prendre un verre ? »

Il ne s'agit pas seulement de la préparation de la vente, mais aussi de votre préparation personnelle en vue de la vente, de votre formation personnelle. Êtes-vous vraiment prêt ?

Allez fermer cette télé et vous préparer.

ARRÊT OBLIGATOIRE

● **Faire ses devoirs.** Vos parents vous ont harcelé pendant des années, que ce soit sous la forme d'un ordre («Va faire tes devoirs») ou d'une désagréable question («As-tu fini tes devoirs?»). Vous détestiez ça, n'est-ce pas? Je détestais ça. Tout le monde a détesté ça. Pour certains, ç'a été l'occasion des premiers mensonges. Mais ce que vos parents ne vous ont pas dit, c'est que les devoirs n'arrêtaient pas une fois les études terminées. Plutôt, les devoirs scolaires préparent aux devoirs professionnels et personnels. Pour réussir dans la vente et dans la vie, les devoirs sont de la première importance. Se préparer, élaborer des questions, formuler des idées; en fait, tous les aspects de votre vie de vendeur supposent que vous ayez fait vos devoirs. Donc, avec les mots de votre mère, je vous demande une fois pour toutes : «Avez-vous fait vos devoirs?»

ALLEZ, ON SE BOUGE!

«Vous prendrez un verre en fin de semaine.»

● **Êtes-vous là pour gagner ou pour râler ?** Je suis contre les lamentations. Tout le monde fuit les râleurs ; on ne les écoute pas et on ne les respecte pas. Et, en règle générale, personne ne veut fréquenter un râleur (l'exception étant d'autres râleurs – la misère aime la compagnie). Dans mon premier bouquin, *The Sales Bible*, j'ai glissé la citation suivante : « Tu ne peux pas être un gagnant en te plaignant, espèce de fainéant ! » À l'époque, je trouvais ça plutôt drôle, mais avec le temps, j'en suis venu à croire que c'est non seulement drôle, mais tout à fait juste. Pensez une minute à la manière dont vous soumettez les problèmes aux autres, à ce que vous dites lorsque les choses ne vont pas à votre goût, comment vous réagissez lorsqu'une grosse vente vous échappe. Si c'est en vous plaignant, arrêtez, sinon, vous êtes bon pour la fainéantise.

ALERTE ROUGE

« Je n'ai qu'à improviser. »

● **« La journée de travail commence la veille. »** Un matin, je déjeunais chez Einstein's avec mon ami Scott Crawford. Nous parlions vente et affaires sous un angle philosophique et, de but en blanc, il lâche ce petit bijou : « Mon grand-père me disait toujours que la journée de travail commence la veille. » Je me suis précipité sur une serviette de table pour l'écrire. J'ai demandé à Scott d'élaborer un peu. C'est une question de préparation, a-t-il dit. Se préparer pour le lendemain. Je peux vous infliger une douleur aiguë, là tout de suite, en vous demandant comment vous préparez votre prochaine journée de vente. Votre réponse ? Quelque chose comme boire un verre, regarder la télé, le football ou une reprise. Vous ne trouvez pas ça pathétique ? En fait, c'est probablement normal pour certains, vos concurrents par exemple.

● **Travailler pendant que les autres dorment.** Je me lève tôt. J'allume l'ordinateur et je commence à écrire. C'est ce que je fais depuis une douzaine d'années. Jusqu'à maintenant, j'ai 5 livres à mon actif, quelque 700 articles et un millier de présentations dans des entreprises du monde entier. Vous n'avez pas encore les yeux ouverts que je fais déjà de l'argent. Je me couche vers 1 h du matin. De 23 h à 1 h, c'est tranquille. Comme tout le monde, je surfe un peu sur Internet. Eh oui, je suis accro à eBay, mais je jette aussi un coup d'œil sur le site de mes clients pour voir s'il y a du nouveau. Je suis toujours à l'affût de nouvelles choses à apprendre et aussi de nouvelles idées. J'ai commencé ça il y a cinq ans. Donc, avec trois ou quatre heures supplémentaires, pendant que la plupart des gens dorment, je fais plus d'argent qu'ils n'en font lorsqu'ils sont éveillés.

ALLEZ, ON SE BOUGE !

« Improvisez, et faites-vous surpasser par votre concurrent qui se prépare. »

Principe 3

FAIRE SA MARQUE :
CE N'EST PAS QUI VOUS CONNAISSEZ,
MAIS QUI VOUS CONNAÎT

▸▸ Faire sa marque. Les résultats dans la mire.

 **OBLIGATOIRE**

● Faire sa marque pour que les clients appellent.
   Faire sa marque pour que les clients soient fidèles.

● Mieux se positionner pour s'élever au-dessus
   de la concurrence.

● Qui vous voit ? Qui vous donne rendez-vous ?
   Ça dépend de qui vous connaît !

● Qui accorde de la valeur à votre personne
   et à votre savoir ?

« Le premier numéro de mon bulletin était excellent !
Pour le second, je ne sais pas trop quoi ajouter. »

▸▸ Faire sa marque. Les résultats dans la mire.

Une image de marque personnelle n'a rien de bien compliqué, à moins de suivre un cours sur la question, ce qui rendra la chose carrément angoissante. La marque entrepreneuriale et le marketing sont beaucoup plus simples.

J'ai une marque, ou plus exactement, *je SUIS la marque.* J'ai pris mon nom, Gitomer et Jeffrey Gitomer, et j'en ai fait ma marque. Ma chronique paraît dans le *Charlotte Business Journal* toutes les semaines depuis 12 ans. Elle circule aujourd'hui sur plus de 90 marchés. Mon site porte mon nom : gitomer.com. Mon entreprise porte mon nom : BuyGitomer. Et tout ce que je fais renvoie à mon nom. J'ai même réservé les adresses URL pour les épellations erronées de mon nom.

Quelle est votre marque ? Pas seulement la marque de la compagnie, mais votre marque *personnelle* ? Dans la vente, les clients achètent le vendeur EN PREMIER. S'ils vous achètent, VOUS, il se peut qu'ils achètent votre produit. Comment faire sa marque ? Comment créer sa marque ?

D'abord, si vous être propriétaire d'une petite entreprise, ne lisez pas de livre sur le sujet. Je n'ai pas encore trouvé d'ouvrage assez pragmatique pour être utile. Ensuite, pensez *moi* et *donner pour obtenir.* Enfin, pensez *promotion et publicité.* Et la cerise sur le sundae : c'est surtout l'énergie, l'intelligence et la détermination que vous mettrez dans votre travail, alliées à votre confiance en vous, qui favoriseront la visibilité de votre marque.

Faire sa marque, c'est...

- **Créer indirectement une demande pour votre produit ou service.** Autrement que par la publicité directe.

- **Amener le milieu des affaires à vous faire confiance.** À voir en vous une personne respectée, d'un calibre supérieur.

- **Amener le milieu des affaires à faire confiance à votre entreprise.** Taillez-vous une réputation de qualité si grande qu'on en parlera.

- **Se présenter comme un spécialiste.** Pourquoi vous contenter d'être un parmi d'autres au lieu de vous élever au-dessus de la mêlée?

- **Être vu et considéré comme un chef de file.** Détachez-vous du groupe et prenez la parole. Adhérez à un groupe et soyez-en le meneur. Pointez-vous là où tout le monde se trouve, tout le temps.

- **Avoir la réputation d'un innovateur.** Faites-vous connaître comme une personne ou une entreprise qui a de la valeur, que les autres considèrent comme une ressource.

- **Se distancer de la concurrence.** Passez devant les autres et définissez la norme.

- **Acquérir de l'envergure.** Votre image est déterminée par les autres. Votre rayonnement détermine votre image.

ALERTE ROUGE

« Personne ne me connaît. »

- **Cultiver l'image.** De soi et de l'entreprise. En ayant toujours une attitude positive, en vous entourant de gens et de choses de qualité, en livrant la marchandise promise. Faites en sorte qu'on parle de vous en termes élogieux.

- **Tirer profit d'une solide marque personnelle et d'une grande visibilité.** Amenez les clients prometteurs à faire sonner votre téléphone, puis convertissez les appels en ventes.

«Hé, Jeffrey, vous ne pourriez pas être un peu plus précis ?» que j'entends d'ici. D'accord. Voici quelques données que vous ne trouverez dans aucun manuel. Ce sont les démarches entreprises au cours des 15 dernières années qui m'ont permis de créer ma marque.

Je ne vous promets pas qu'elles fonctionneront pour vous. Mais elles fonctionnent, je vous le dis de première main. **Voici ma formule personnelle :**

- **Se réserver une adresse mon nom. com.** Allez sur un site où l'on peut enregistrer son nom et faites-le le plus rapidement possible. Réservez aussi le nom de vos enfants.

- **Accepter de se donner d'abord.** Ce n'est pas le seul moyen, mais c'est le meilleur et le plus durable selon moi.

ALLEZ, ON SE BOUGE !

« Si vous faites votre marque, les gens vous connaîtront. »

- **Mettre le temps voulu pour que ça fonctionne.** Sinon, ça ne fonctionnera pas. Pour faire sa marque de façon durable, il faut avoir un plan.

- **Faire appel aux autres.** Faites la liste des personnes en position de vous aider ou de vous ouvrir des portes, et demandez-leur de vous soutenir. (La façon la plus facile d'obtenir des appuis ? En étant le premier à en donner, sans attendre le retour d'ascenseur.)

- **Préparer un topo de 30 secondes.** Expliquez à votre interlocuteur ce que vous faites et comment vous pouvez l'aider, APRÈS lui avoir demandé ce qu'il fait.

- **Se mettre en valeur dans plusieurs sphères.** Par exemple :

    → Demandez à votre œuvre de bienfaisance de vous présenter comme porte-parole au sein de la collectivité.

    → Faites un don à l'association commerciale de votre meilleur client.

    → Faites une présentation et versez vos honoraires à votre œuvre de bienfaisance.

ALERTE ROUGE

« Mes patrons ne me soutiennent pas. »

- **Tout faire avec une touche de créativité.** Pour faire en sorte qu'on se souvienne de votre contribution. Pour sensibiliser le marché, il faut qu'on se rappelle de vous.

- **Se procurer la meilleure carte professionnelle possible, coûte que coûte.** C'est votre image, et elle laisse une impression à tous ceux qui l'ont entre les mains. Bonne, mauvaise, excellente… Faites-la graver, gaufrer ou enluminer, ajoutez-y un logo ou un dessin, donnez-lui une seule couleur ou plusieurs, peu importe. Puis, faites le test suivant : si la personne à qui vous donnez votre carte la met dans sa poche sans la regarder et vous dit « Belle carte », faites-en faire une nouvelle.

- **Rester dans le champ de vision de votre clientèle.** En planifiant vos activités de mise en valeur, vous pouvez avoir une présence constante (dans les journaux, les bulletins hebdomadaires électroniques, à la télé, dans votre propre bulletin, etc.) auprès de votre marché cible. Il faut entre 5 et 10 images de sensibilisation pour motiver une décision d'achat.

- **Devenir une ressource.** Une ressource, c'est beaucoup plus puissant qu'un vendeur ou un entrepreneur. Les gens voudront vous fréquenter, ils écouteront ce que vous dites s'ils croient que vos propos et vos actions ont une valeur pour eux et leur entreprise.

ALLEZ, ON SE BOUGE !

« Trouvez-vous de nouveaux patrons. »

- **Persévérance et constance, les maîtres mots.** Ça ne sert à rien de faire une chose une seule fois, puis d'attendre le résultat. Soyez tenace. Si vous êtes compétent, soyez patient. Le téléphone finira par sonner.

- **S'amuser en cours de route.** Les gens qui prennent les choses trop au sérieux ont de la difficulté à reconnaître ce qui est important dans le monde. Traitez les choses comme s'il s'agissait d'un jeu important. Jouez de votre mieux et toujours dans le but de gagner.

- **S'efforcer d'être le meilleur en tout.** Fixez-vous un but personnel, celui d'être le meilleur possible, et non un but matériel, faire le plus d'argent possible. En donnant le meilleur de vous-même, l'argent suivra.

- **Se tenir à l'écart des idiots et des zélés.** Les gens jaloux et contrariants sont légion. Évitez-les complètement. Ils n'ont rien de mieux à faire que de vous mettre des bâtons dans les roues.

ALERTE ROUGE

« On me fait faire des appels à l'improviste. »

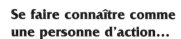

Se faire connaître comme une personne d'action...

En agissant ainsi, on verra en vous un meneur, celui par qui les choses arrivent. Ça se reflétera non seulement sur vous, mais aussi sur votre entreprise, sur les produits et services que vous offrez et sur votre marque personnelle, et ça vous procurera une valeur qui ne peut être chiffrée ni achetée, mais qui fera la différence entre vendre et ne pas vendre. Ainsi que la différence entre devoir vendre et amener les gens à vouloir acheter. En bout de ligne, vos actions donneront de vous une tout autre image.

 ARRÊT OBLIGATOIRE

● **Faire sa marque pour que les clients appellent. Faire sa marque pour que les clients soient fidèles.** Votre marque personnelle constitue une force d'attraction. Prenons mon cas. Ma marque m'ouvre les portes : j'écris une chronique hebdomadaire (*Sales Move)* qui paraît dans 90 journaux et j'ai un bulletin électronique hebdomadaire (*Sales Caffeine)* qui fournit à plus de 100 000 personnes des tuyaux sur la vente. Ces deux prolongements de mes activités m'apportent pas moins de 10 000 visites d'internautes toutes les semaines. Et si vous examinez comment j'ai fait ma marque au fil des ans, vous verrez que j'ai toujours lutté pour en conserver l'intégrité. Cela dit, je ne suis pas parfait, il m'arrive d'être politiquement incorrect et parfois même de dépasser la mesure.

ALLEZ, ON SE BOUGE !

« Si vous faites votre marque, les clients vous appelleront. »

Voilà le personnage que je me suis créé. L'intégrité de ma marque, elle, représente la cohérence et la valeur de mon message. On en est venu à me connaître comme «LE type qui vend». Tout ça parce que j'ai fait ma marque avec de l'information que les autres peuvent utiliser pour augmenter leurs ventes et faire avancer leur carrière. Il est important de noter que depuis que j'écris ma chronique (12 ans), je n'ai jamais appelé qui que ce soit pour vendre un séminaire. Ce sont les autres qui m'appellent parce qu'ils me connaissent et voient en moi une valeur. Dans les livres qui portent sur l'image de marque, on dit qu'il faut amener le client à se souvenir de votre nom au moment où il sera prêt à faire l'achat. C'est juste, mais ça ne dit rien de la question cruciale: «Va-t-il acheter de vous?» Et la réponse à cette question dépendra de l'impression que lui fait la valeur de votre marque. Voilà la force d'attraction.

● **Mieux se positionner pour s'élever au-dessus de la concurrence.** Mes articles paraissent dans plus de 90 villes américaines. Suis-je le meilleur vendeur à Dallas, St. Louis ou Atlanta? C'est sans importance. Je suis le vendeur le mieux positionné dans ces villes. Ma photo est dans tous les journaux. Mes concurrents lisent ma chronique toutes les semaines et ne peuvent pas me blairer. Je suis mieux positionné qu'eux dans leur propre ville. Quel affront! Ma position me donne un avantage concurrentiel: les gens me connaissent déjà. La règle de la vente s'applique ici aussi: l'important n'est pas qui vous connaissez, c'est qui vous connaît. Le positionnement, c'est un bon moyen de se faire connaître.

● **Qui vous voit? Qui vous donne des rendez-vous? Ça dépend de qui vous connaît!** Un autre aspect du positionnement, c'est le niveau hiérarchique auquel vous avez accès lorsque vous prenez rendez-vous avec un client. Étant donné mon statut, ou plutôt mon positionnement marketing, je suis toujours en mesure de rencontrer un dirigeant de l'entreprise. Parfois le chef de la direction, parfois le propriétaire. Mais c'est toujours la personne « à la tête de la boîte ». Cela me donne un avantage concurrentiel incroyable. Primo, on me connaît déjà, si bien que je n'ai pas à établir ma crédibilité lorsque je me présente. Et deuzio, je fais toujours affaire avec les décideurs. Si vous rencontrez le chef de la direction, qui vous connaît et vous respecte déjà, je vous garantis que vous serez très bien reçu et qu'on acquiescera souvent à vos propositions de vente.

● **Qui accorde de la valeur à votre personne et à votre savoir ?** Le travail de la plupart des vendeurs s'arrête à la fin du processus de vente. Toujours la même histoire : client, rendez-vous, présentation, conclusion, suivi. Cette stratégie n'aboutit nulle part si ce n'est à la prochaine vente. Pour bâtir une relation, pour obtenir des indications de nouveaux clients, vous devez vous faire connaître comme un spécialiste, ou le spécialiste dans votre domaine. Cela exige beaucoup de travail et d'étude de votre part. Si vous n'êtes pas prêt à faire l'effort, je vous conseille de vous faire engager au bureau de poste pour vendre des timbres. Si vos clients valorisent la connaissance et la compétence que vous leur avez offertes, ils y penseront à deux fois avant de faire affaire avec la lie de la société qui vend aussi votre produit (je parle de vos concurrents).

> **Dans la vente, l'important n'est pas de savoir**
> **qui vous connaissez, mais qui vous connaît.**

Principe 4

UNE QUESTION DE VALEUR ET DE RELATION, ET NON DE PRIX

▸▸ Donner de la valeur et être précieux en 6,5 leçons.

▸▸ La liberté d'expression. L'héritage que vous vous donnez.

▸▸ *Prix* versus *valeur,*
le VRAI moyen de l'emporter sur le prix.

ARRÊT OBLIGATOIRE

● Donner de la valeur dès le départ,
plutôt que de l'ajouter.

● Se faire des amis avant de commencer,
sinon laisser tomber.

● Agir professionnellement, interagir chaleureusement.

● Des ventes pour le moment. Des amis pour la vie.
Des ventes pour la commission.
De la valeur pour atteindre la fortune.

« Si notre produit ne vous enthousiasme pas totalement,
appelez-nous sans frais et nous serons heureux de vous aider
à définir des attentes plus raisonnables. »

* Où se situe la valeur dans l'équation de la vente ?

* Quel rôle la valeur joue-t-elle dans une vente ?

* Quel rôle la valeur joue-t-elle dans la fidélisation du client ?

* En quoi la valeur contribue-t-elle à établir de solides relations d'affaire ?

Il est difficile de définir et de comprendre la valeur.

Donner de la valeur et ajouter de la valeur sont deux expressions mal comprises et encore plus mal exécutées, tant par les vendeurs que par les directeurs des ventes. Les gens croient généralement que la valeur est une chose que les entreprises ajoutent. Un petit service en extra, un accessoire pour le produit, une réduction symbolique, même un article gratuit. Faux !

Ça, c'est de la promotion, pas de la valeur. La valeur est une chose que l'on fait pour le client, à l'avantage du client.

J'ai personnellement observé qu'il est plus efficace de donner de la valeur dès le départ. Et de la donner sans attente, de la donner souvent et sans attente, de la donner aux meilleurs clients et sans attente. Avez-vous pigé l'importance de ne rien attendre en retour ?

Toutes les semaines, je donne de la valeur dans ma chronique et mon bulletin électronique. Les gens m'appellent de partout pour me remercier, me demander de l'information et retenir mes services.

La formule est simple : je me présente devant des gens qui sont en position de dire « oui » et je leur donne de la valeur en premier. Adoptez-la donc.

▶▶ Donner de la valeur et être précieux en 6,5 leçons.

1. **Faire son marketing à partir des produits et services des clients, et non des vôtres.** Les clients ne liront JAMAIS votre brochure ; en fait, ils l'enverront probablement au panier. Envoyez-leur des trucs qui se rapportent à leur manière de faire de l'argent, de produire, de réussir, et ils en dévoreront CHAQUE MOT.

2. **Rédiger des articles (intéressants) dans les journaux, les revues, les cyber-magazines et les bulletins.** Le fait de publier confère à l'auteur une position de chef de file (sa photo est imprimée) et constitue également un énoncé de valeur. De plus, les lecteurs qui partagent les idées de l'auteur peuvent communiquer avec lui.

ALERTE ROUGE

« Ma brochure finit toujours au panier. »

3. **Établir un dialogue en offrant des moyens de répondre à vos chroniques.** Si vos lecteurs sont d'accord avec vous et en veulent davantage, donnez-leur. C'est une excellente façon d'établir des liens. Mais si on ne vous fait aucun commentaire, vous devriez vous poser des questions.

4. **Trouver le moyen de participer à des émissions.** Cherchez à participer à une émission de divertissement ou à un débat, pour y fournir de l'information utile à tous. Faites un lien avec un sujet d'actualité

ou un voyage. (NOTE : Tout le monde peut participer à une émission dès demain, il suffit d'appeler pour se proposer.)

5. **Se faire connaître en tant que personne-ressource.** Faites-vous connaître pour qu'on vienne vers vous. Organisez un groupe ou un comité à la chambre de commerce ou dirigez une équipe de bénévoles dans un organisme de charité (de préférence, choisissez un organisme qui vous plaît vraiment).

6. **Faire parvenir son matériel une fois que le client l'a demandé et s'assurer d'y inclure quelque chose que celui-ci voudra garder.** Les envois massifs portent rarement fruit. Si vous voulez vraiment évaluer l'intérêt de votre matériel, offrez-le et examinez qui le veut. Je n'envoie rien à moins qu'on m'appelle pour me le demander. (NOTE : Quelle est la valeur de votre brochure ? Si elle est écrite selon votre point de vue, vous pourriez y glisser les mots « espèce de malade » n'importe où et personne ne les remarquerait.)

6,5. **Parler en public ou faire des appels à l'improviste ?** Je dis que parler, c'est mieux. Pourquoi ? Tournez la page…

ALLEZ, ON SE BOUGE !

« Ils ne veulent pas votre brochure. Ils veulent des solutions à leurs préoccupations. »

Parler ou ne pas parler.

▶▶ La liberté d'expression. L'héritage que vous vous donnez.

Vous voulez 50 nouvelles indications de clients toutes les semaines ?

Donnez une présentation devant un groupe de citoyens.

Beaucoup de vendeurs ambitieux cherchent désespérément à se *vendre* au moyen de brochures, de publipostages, d'appels à l'improviste et de réseautage. Une frustration coûteuse. Le meilleur moyen de se *vendre*, c'est de se donner au marché. De s'exposer à ses clients.

Mon conseil : parlez en toute gratuité. La parole est d'argent ! Moi, je dis que la parole, c'est de l'argent : elle est payante, très payante et riche en récompenses. De grosses récompenses.

P.-S. – J'ai dit *parole*, pas *parlotte*.

Lorsque vous vous présentez à la réunion du groupe de citoyens pour prononcer un discours gratos d'une quinzaine de minutes, voici ce qui vous est donné en échange :

• Vous avez l'occasion de donner une présentation devant public pour VOUS vendre, et non vendre votre produit ou service.

• Vous avez l'occasion de passer une audition, en présence du décideur.

• Vous bâtissez (et solidifiez) votre réseau.

• Vous établissez (ou réétablissez) votre présence.

• Vous apportez une contribution à la collectivité.

- Vous perfectionnez vos aptitudes à parler en public, à donner des présentations et à raconter des histoires.

- Vous avez la possibilité de tester du nouveau matériel.

- Vous attirez de nouveaux clients (tous des meneurs).

- Si vous êtes nouveau dans le métier, vous aurez une occasion en or de gravir des échelons.

- Vous avez la chance d'avoir un réel impact.

- Vous avez droit à un repas gratuit.

Poursuivons. Aux récompenses énumérées ci-dessus, il faut peut-être ajouter au début de certaines phrases la mention : « Si vous êtes excellent… » pour bien faire comprendre l'enjeu et l'importance de l'impact. Je crois que vous avez saisi.

Ça vous intéresse ? Il suffit de communiquer avec des groupes de citoyens de votre ville. Ils se meurent d'offrir de bonnes présentations. Toutes les semaines, ils recherchent de BONS orateurs. Et c'est nettement mieux que les appels à l'improviste.

Vous voulez quelques stratégies d'approche ?

Voici les 6,5 tactiques recommandées.

1. **Ne pas faire une présentation de vente, mais parler du sujet choisi.** Parlez de choses qui intéresseront l'auditoire et qui auront un rapport avec vos trucs, et SURTOUT, donnez une excellente présentation. Si vous vendez des alarmes contre le vol, parlez de la sécurité du domicile ; si vous vendez des photocopieurs, parlez de l'image et de la productivité. Vous pigez ?

2. **Choisir un bon auditoire.** Tous les groupes ne sont pas égaux, choisissez les meilleurs, ceux où vous trouverez de gros bonnets.

3. **Distribuer un document.** Même s'il n'a que quelques pages, le document aidera l'auditoire à suivre, vous évitera de mémoriser votre présentation et donnera aux gens un moyen de vous contacter. CEPENDANT : Ne distribuez le document qu'au moment où vous commencerez à parler, JAMAIS AVANT. Sinon, les gens seront en train de lire une chose alors que vous parlerez d'une autre ou, pire encore, vous perdrez le contrôle de l'auditoire et votre message n'aura plus d'impact.

4. **Se filmer.** Après la présentation, vous pourrez revoir votre performance et déterminer si vous étiez VRAIMENT bon ou pensiez l'être seulement.

5. **Demander à l'auditoire de remplir une grille d'évaluation.** Lisez attentivement les résultats pour savoir si vous avez fait impression.

6. **Donner de la valeur, obtenir des indications.** À la fin de la présentation, offrez quelque chose de gratuit, en échange de cartes d'affaires. Ces cartes sont vos indications de nouveaux clients.

6,5. **Circuler après la présentation.** Vous saurez ainsi quel impact vous avez eu et quels sont les clients les plus prometteurs.

NE VENDEZ PAS VOS TRUCS. Fixez un rendez-vous pour un lunch ou un déjeuner, et gardez-vous de faire du baratin ou de vanter votre entreprise.

Sur une note plus personnelle, voici comment on a commencé à me payer pour donner des présentations. Ayant pris connaissance de ma chronique dans le journal, plusieurs clubs Rotary et Kiwanis en ville m'ont demandé de donner une conférence. J'ai décidé de ne PAS parler de mon expertise dans la vente, mais plutôt des enfants (mon sujet favori) et j'ai intitulé ma présentation : « Ce que nous apprenons de nos enfants. »

J'ai retenu sept qualités que mes enfants m'ont aidé à perfectionner pendant que je faisais leur éducation (comme l'imagination, la persévérance, la foi aveugle, l'enthousiasme) et j'ai raconté une anecdote se rapportant à chacune. En 20 minutes, j'ai réussi à faire rire, pleurer et réfléchir l'auditoire, et à l'instruire par-dessus le marché.

J'avais un document à distribuer et j'avais aussi offert de donner aux gens (gratuitement) les sept meilleures règles de l'éducation des enfants que j'avais apprises en échange de leur carte d'affaires. À la fin de chaque présentation, j'avais TOUJOURS une cinquantaine de cartes et une invitation à donner une présentation (rémunérée) aux employés d'un type dans la salle.

Donc, ma récompense (et la vôtre) pour avoir donné une brève allocution comprenait une audition en public, une présentation devant 100 décideurs, l'occasion d'influencer un auditoire, de nouveaux contacts, une leçon autodidacte, une séance d'exercice, un repas gratuit, un stylo (le cadeau habituel), une carte de remerciements du groupe, 50 indications de clients intéressés et un contrat rémunéré. Mieux que le publipostage et les appels à l'improviste, hein ?

UN AUTRE TUYAU : Tout groupe vous versera 100 $ si vous lui demandez de libeller le chèque au nom d'un organisme de charité – avec votre signature et celle d'un représentant du groupe.

Qui que vous soyez et où que vous en soyez dans votre carrière, il n'y a rien comme les présentations gratuites pour apprendre et s'enrichir. La liberté de parole n'est pas seulement un droit, mais une occasion. Profitez-en.

▸▸ Prix versus valeur, le VRAI moyen de l'emporter sur le prix.

Combien ça coûte ?
Réponse : On s'en fout si la valeur est au rendez-vous.

Faisons ça très simplement : tracez une ligne verticale séparant une grande feuille en deux. D'un côté, inscrivez « Prix trop élevé » et « Prendre la soumission la plus basse » et de l'autre, énumérez ce que veut votre client – non, pas votre produit –, ce qu'il veut VRAIMENT, qui n'a peut-être rien à voir avec votre produit ou service.

Que veulent vos clients ? Tout simplement :

• Plus de ventes	• Des employés loyaux
• Plus de productivité	• Un meilleur moral
• Plus de profits	• Pas de complications
• Une meilleure image	• Plus de liberté
• Plus de clients	• La notoriété

Si vous êtes en mesure de lui obtenir ces choses, même une seule d'entre elles, le prix n'a plus d'importance.

L'exemple classique de l'opposition entre le prix et la valeur perçue vient du secteur de l'automobile. On a tous vu les annonces d'un concessionnaire disant qu'il vend un dollar au-dessus de son coûtant, au coûtant ou en deçà du coûtant. Aucune valeur. Pas de valeur perçue en tout cas. Que se passe-t-il une fois la voiture en ma possession ? Quelle sera la valeur d'utilisation de mon achat ? À quel type de service puis-je m'attendre ?

Si l'un d'eux faisait paraître l'annonce suivante dans une pleine page de journal : « Nous garantissons que nos prix dépassent de 100 $ le prix de tout autre concessionnaire, mais nous garantissons que la qualité de notre service dépasse de 100 % celle de tout autre concessionnaire. » Sous l'annonce, on verrait la photo de 5 clients disant d'une manière ou d'une autre pourquoi ils ont déboursé les 100 $ de plus et que le service est phénoménal. Ça ne dérougirait jamais chez ce concessionnaire.

Je vous garantis que personne ne se souvient du prix quand, à 7 h du matin, vous faites la queue chez le concessionnaire, que vous attendez plus d'une demi-heure pour vous faire servir par une personne plutôt impolie, qu'on ne vous prête pas de voiture, ce qui vous oblige à demander à quelqu'un de vous conduire au travail, et qu'au retour, à 17 h, on vous fait poireauter 20 minutes pour vous dire qu'il faut commander la pièce et que vous devrez revenir la semaine prochaine. Mais vous êtes le type le plus génial du monde. Vous avez économisé 100 $ sur le prix d'achat de la voiture. Après cette expérience, vous auriez accepté de payer 1 000 $ de plus pour la voiture.

Voici l'occasion perdue.

Le vendeur qui ne songe qu'à faire la meilleure affaire possible et vous conte des sornettes a oublié de parler de son service après-vente. Lorsqu'il n'y a pas de valeur, il ne reste que le prix. J'ai choisi l'exemple du concessionnaire parce que nous avons tous eu une expérience du même genre.

Il s'agit maintenant de déterminer trois choses : où se situe votre proposition de valeur, comment la communiquer au client pour qu'il la comprenne bien, et que faire pour la lui présenter de façon si convaincante (au moyen d'arguments ou de témoignages) que vous l'amènerez, le moment venu, à choisir avec sa tête et son cœur d'acheter de vous.

Écoutez bien. La vente se joue et se décide en fonction des émotions. C'est après qu'on la rationalise. La tête va avec le prix et le cœur, avec le porte-monnaie. Voici ce que vous devez commencer à faire.

ALERTE ROUGE

« Le type m'a dit qu'il n'avait que cinq minutes et voulait connaître mon prix. »

1. **Cessez de considérer votre produit comme une marchandise.** Si vous vous dites que vous vendez une marchandise, vous êtes condamné à vendre un prix. Téléphones sans fil, fournitures de bureau, ordinateurs, vous croyez que ce sont des marchandises ? Eh bien, non ! C'est une affaire de relation, de valeur perçue.

Avant de poursuivre, mettons les choses au clair. Tous les clients ne vont pas acheter la valeur. Entre 30 % et 40 % des clients vont acheter le prix. Dommage. Mais entre 60 % et 70 % vont acheter la valeur si vous la leur proposez. Le prix le plus bas, c'est aussi le profit le plus bas. Chaque fois que vous soustrayez cinq sous du prix brut, vous soustrayez le même cinq sous du bénéfice de la vente. Et soyons francs au sujet des gens qui achètent un prix : ce sont de pauvres radins souvent doublés de crétins.

2. **En vous reportant à vos 10 dernières ventes, cherchez à établir ce qui suit.** Comment avez-vous conclu la vente ? Autrement dit, sur quoi la décision d'achat s'est-elle appuyée ? Qui a donné le feu vert ? Sachez que, plus vous faites affaire avec une personne peu élevée dans la hiérarchie, plus le prix entre en ligne de compte. Si vous êtes hôtelier et que vous essayez de vendre une réunion à une entreprise, le planificateur de la réunion sera beaucoup plus intéressé par le prix et les comparaisons avec d'autres hôtels que le PDG qui est responsable de la bonne marche de la réunion. Une chambre à 200 dollars la nuit posera peut-être problème au planificateur, mais nullement au

ALLEZ, ON SE BOUGE !

« Ils ne veulent pas entendre votre baratin. Ils veulent des réponses à leurs problèmes. »

PDG qui veut que ses gens soient satisfaits, bien reposés et productifs pour la réunion. Ce qui m'amène au point suivant.

3. **L'accent doit être mis non pas sur la vente, mais sur la durée de vie du produit ou du service.** Amenez votre acheteur à visualiser ce que la vie sera une fois le produit en sa possession. Si vous pouvez vous concentrer sur l'utilisation et l'acquisition, vous pourrez alors parler de coût et de valeur à long terme plutôt que de prix. L'important, c'est que le client visualise cela au moment où il songe déjà au prix.

Permettez-moi une autre digression. Certains vous diront que leur budget est épuisé. Mais ces gens ne sont pas les décideurs, ce sont les *dépenseurs* de budget. Et pendant tout le temps qu'ils dépensent leur budget, ils ne s'intéressent pratiquement qu'au prix. Dans une situation de vente, mon objectif est d'entrer en contact avec la personne qui établit le budget. Celle qui peut y ajouter un zéro et faire un autre budget.

Revenons à nos moutons. Essentiellement, voici ce que je dis...

4. **Prenez rendez-vous avec une personne en position de décider.** Les gens qui sont plus

ALERTE ROUGE

« C'est toujours la même histoire : trois offres sur la table et le prix le plus bas l'emporte. Adieu les profits. »

haut placés dans la hiérarchie se préoccupent moins du prix. Ils sont en mesure de voir plus loin et de prendre en compte les questions de rentabilité et de productivité. Voici ce que vous pourriez dire à la prochaine personne qui insistera pour connaître le prix. «Prix ou profit, que vous préférez-vous? Le prix ne dure qu'un moment; le profit, lui, dure toute une vie.» Aucun cadre dirigeant ne reculera devant la possibilité de faire plus de profit.

Mais il y a un bémol. Si vous relevez le défi que je viens de vous proposer, votre charge de travail doublera. Avant de vous présenter chez le client, il vous faudra préparer des suggestions pour améliorer la rentabilité et la productivité. Mais n'oubliez pas l'autre côté de la médaille : vos ventes aussi doubleront. Et le comble, c'est que la plupart des vendeurs ne se donneront pas la peine de travailler assez fort pour que la vente se fasse facilement. La concurrence est rare au sommet de l'échelle. Et vous, vous serez le maître des lieux.

ALLEZ, ON SE BOUGE!

« Si vous n'offrez pas de valeur, il ne reste que le prix. »

«Mais, Jeffrey, vous ne comprenez pas. Tous mes clients demandent trois offres, et le client retient la moins chère.» Non, mon vieux. C'est vous qui ne comprenez pas. Vous ne faites preuve d'aucune imagination pour changer les termes de l'échange. Pourquoi ne pas dire ceci à votre client : « Supposons que l'écart entre les prix des trois propositions que vous recevrez ne dépasse pas 10 %. Alors, pourquoi ne pas inscrire dans le contrat que si tous les prix se situent dans une fourchette de 10 %, vous serez libre de choisir le produit ou le service qui, selon vous, sera le plus avantageux pour vos affaires, ou encore, de choisir l'entreprise à qui vous faites le plus confiance pour l'exécution après-vente ? Qu'en pensez-vous ? »

Vous pourriez aussi dire : « Nous, les vendeurs, nous allons tous vous dire à quel point nous sommes extraordinaires. Je vous suggère d'inclure dans les critères de vos appels d'offres des témoignages sur CD ou DVD d'autres clients prouvant que nous disons vrai. »

Voilà deux façons de transformer les propositions qui ne tiennent compte que du prix. Vous pouvez même les utiliser lorsqu'il n'y a pas d'offres sur la table. Prenons deux minutes pour voir ce qui se produit lorsqu'un concurrent ratoureux se pointe à la dernière minute avec un meilleur prix. D'abord, si vous savez que la chose a des chances de se produire, vous pouvez en discuter d'avance avec votre client potentiel. Vous pouvez éviter cette situation en convenant avec ce dernier qu'il n'agira pas de cette façon et les raisons pour lesquelles il ne le fera pas. Cela arrive habituellement après la livraison du produit ou du service. Ceux qui achètent un prix ne voient pas plus loin que le moment de l'achat. Votre tâche consiste à vous assurer que le client saura clairement en quoi la transaction lui sera profitable après la vente. Et que l'avantage à en retirer est plus grand que son désir d'acheter à moindre prix.

La philosophie de marketing et de vente de Jeffrey Gitomer :

Je me présente devant des gens qui sont en mesure de me dire oui, et je leur donne de la valeur dès le départ.

ARRÊT OBLIGATOIRE

● **Donner de la valeur dès le départ, plutôt que de l'ajouter.**
Je n'ai jamais compris le concept de «valeur ajoutée», et je
suis prêt à parier que vous non plus. En général, c'est un
condensé de sottises formulées par votre fournisseur pour
expliquer quelques petits services mineurs ou autres
bagatelles que le premier concurrent venu pourrait facilement dupliquer. Ça ne vous distingue en rien et ça n'aug-
mente pas vos chances de faire une vente. Ma philosophie
est différente. C'est «la valeur d'abord» : je donne une valeur à mes clients prometteurs avant même de leur demander d'acheter quoi que ce soit. Que vous lisiez ma chronique
dans le journal ou mon cybermagazine (*Sales Caffeine*) ou
visitiez mon site, vous trouverez toutes sortes d'idées et de
précieuses capsules que j'offre gratuitement semaine après
semaine. Je le fais depuis 12 ans déjà. Ça m'a rapporté des
millions de dollars. D'abord, je sème, ENSUITE je récolte.
Ma brochure n'a rien d'enviable. Je ne fais presque pas de
publicité et aucune visite de vente. Mal barré pour un
vendeur, n'est-ce pas ? Ça va à l'encontre de toutes les
règles de marketing que vous trouverez dans les manuels,
mais ça marche. Déterminez ce à quoi votre client attache
de la valeur et donnez-le-lui. Donnez-lui l'information qui
l'aidera à développer ses affaires pour que vous dévelop-
piez les vôtres. Petite mise en garde : ma façon de vendre
ou, devrais-je dire, de faire acheter le client exige beaucoup
de travail, et la plupart des vendeurs ne se donnent pas la
peine de faire l'effort requis pour rendre la vente facile.

● **Se faire des amis avant de commencer, sinon laisser tomber.** Lorsque je rencontre un client dans son bureau, la première chose que je fais, c'est d'établir un rapport en cherchant un point commun. Je ris avec la personne, je lui parle d'elle. Après avoir instauré une certaine crédibilité, je commence ma présentation. Je préférerais laisser tomber un client qui dit : « Passons aux choses sérieuses tout de suite », car ce qu'il dit vraiment, c'est : « Combien ça coûte ? » Je ne vends pas un prix. Je vends de l'amitié. Je laisse aux autres le soin de *vendre un prix*. Ceux qui achètent un prix, ce sont les plus grands casse-pieds de la planète, et les gens qu'ils fréquentent sont comme eux.

● **Agir professionnellement, interagir chaleureusement.** Trop de vendeurs croient qu'ils doivent être professionnels pour paraître crédibles aux yeux des clients. Rien n'est moins vrai. Moi ? Je suis sympathique. J'essaie d'agir avec professionnalisme, mais je pèche par excès de cordialité. Le professionnel guindé fera son offre et, si ce n'est pas la moins chère, il sortira de là la queue entre les jambes. Moi, je suis le plus sympathique des vendeurs, et celui dont le prix est le plus élevé. Voyez-vous un rapport ? Je ne vous dis pas de proposer le prix le plus élevé (quoique ça semble fonctionner pour des entreprises comme BMW et Mercedes Benz), mais d'être le plus sympathique.

● **Des ventes pour le moment. Des amis pour la vie. Des ventes pour la commission. De la valeur pour atteindre la fortune.** Voilà ce que j'ai écrit dans les premiers temps de ma carrière d'auteur. Il est rare qu'on adopte une telle philosophie dans la vente. Les vendeurs qui y adhèrent sont les plus performants et les mieux payés. Ils cultivent des relations. Ils ne se préoccupent pas des quotas. Ils se concentrent sur la valeur qu'ils offrent à leurs clients et les commandes qui viennent avec. Je vous mets au défi d'apprendre cette leçon qui, de toutes les leçons que j'enseigne, est la plus difficile et en même temps la plus efficace et la plus gratifiante au plan financier. C'est l'essence de ma philosophie, le moteur de mes affaires et le cœur de mon succès. Faites-en votre philosophie, elle vous vaudra une fortune.

Toutes choses étant égales par ailleurs, les gens veulent faire affaire avec leurs amis. Toutes choses n'étant pas égales par ailleurs, les gens veulent ENCORE faire affaire avec leurs amis.

Principe 5

QUAND OUVRAGE RIME AVEC RÉSEAUTAGE

▸▸ Les 21,5 meilleurs endroits pour réseauter (et les secrets de la réussite dans le réseautage).

ARRÊT OBLIGATOIRE

● Une rencontre en face-à-face pour commencer.

● Avec le réseautage, fini les appels à l'improviste.

● Des possibilités d'indications de nouveaux clients.

« Je passe **99 %** de mon temps à réseauter, à établir une solide présence locale sur le Web, à cultiver des relations avec des chefs de file dans mon domaine, à donner des conférences dans les entreprises, à participer à des activités communautaires, et **1 %** à essayer de me rappeler ce que je fais pour gagner ma vie. »

▸▸ Les 21,5 meilleurs endroits pour réseauter (et les secrets de la réussite dans le réseautage).

Dans quelle mesure le réseautage est-il important ?
Il est très important.

Qu'est-ce que le réseautage peut faire pour vos relations ?
Les développer.

Qu'est-ce que le réseautage peut faire pour vos ventes ?
Les concrétiser.

Qu'est-ce que le réseautage peut faire pour votre succès ?
Avec les bons contacts, l'assurer ou le compromettre.

Si vous cherchez à réussir, c'est la différence entre la médiocrité et l'excellence.

Si le réseautage est si important, pourquoi n'êtes-vous pas en train d'en faire ?

Voici pourquoi :

1. Vous croyez que ça demande trop de temps, et vous n'êtes pas prêt à y consacrer le temps voulu.

2. Vous vous dites que vous êtes déjà sous-payé pour ce que vous faites, et vous vous condamnez ainsi au négativisme et à la médiocrité.

3. Vous trouvez que les appels à l'improviste sont un excellent moyen de prospecter.

4. Vous voulez en faire, mais vous ne savez pas comment ni où.

Si c'est pour la quatrième raison, je peux vous aider. Et l'information qui suit est essentielle à l'élaboration d'un plan de réseautage réussi. Si c'est pour les autres raisons, cette information ne vous concerne pas, mais comme vous savez déjà tout, ce ne serait qu'une récapitulation.

> **Le réseautage, c'est la combinaison des aptitudes personnelles, des aptitudes sociales et des aptitudes pour la vente.**

C'est un loisir professionnel qui se déroule avant et après le travail, par opposition à la course effrénée qui vous occupe de 9 h à 17 h (à l'exception du dîner).

Le réseautage est une fonction professionnelle obligatoire pour les vendeurs et les entrepreneurs. Mais tous les commerçants et tous les professionnels réseautent. Scientifiques, ingénieurs en électricité et chirurgiens ont tous un congrès annuel où ils se rassemblent pour parler affaires. Les gigantesques foires commerciales attirent des acheteurs et des vendeurs du monde entier.

ALERTE ROUGE

« Je n'ai vraiment pas envie d'aller m'ennuyer à ce buffet organisé par l'association. »

Voici les principes du réseautage :

• Se faire connaître par les gens qui comptent.

• Obtenir des indications de nouveaux clients.

• Se faire plus de contacts.

• Réaliser plus de ventes.

• Bâtir des relations.

• Faire avancer sa carrière (ou simplement obtenir un emploi).

• Bâtir sa réputation (se faire connaître comme étant une personne cohérente).

Que vous faut-il pour être un bon réseauteur ?

Une **EXCELLENTE annonce de 30 secondes,** qui attire le client et pose des questions servant à évaluer sa capacité de décision, et qui permet de passer à l'étape suivante du cycle de vente, si intérêt il y a.

La **volonté** de consacrer du temps à cette tâche et de vous en acquitter à la perfection.

Un **plan** (où et comment).

ALLEZ, ON SE BOUGE !

« Réseauter, c'est se faire connaître par ceux qui comptent, et on ne peut se faire connaître que si on se présente (préparé, bien sûr). »

Pour maximiser l'efficacité de vos activités de réseautage, vous devez respecter une règle tout simple :

RÈGLE A+ : **Allez là où se trouvent, ou devraient se trouver, vos clients.**

Allons-y... Les 21,5 MEILLEURS endroits où réseauter :

1. **Les événements organisés par les chambres de commerce, après les heures normales.** C'est une méthode qui a fait ses preuves. On s'y fait toujours des contacts et on y retrouve quelques vieilles connaissances. C'est aussi l'endroit IDÉAL pour faire l'essai de votre annonce personnelle de 30 secondes. NOTE : Dans un tel événement, la plupart des gens sont là pour vendre quelque chose ; il vous faut donc pouvoir endosser le rôle de l'acheteur ou du vendeur, et tendre l'oreille pour ne pas rater l'occasion lorsqu'elle se pointera.

2. **Un événement d'envergure de la chambre de commerce.** La réunion du conseil d'administration ou du conseil consultatif, ou encore le souper annuel. La chambre de commerce est la ressource locale de réseautage par excellence SI vous l'exploitez.

3. **Tout événement organisé par des journaux spécialisés dans les affaires.** Déjeuners, séminaires, conférences, etc. Les endroits où les gens influents convergent. Le profil démographique des lecteurs et des participants aux activités est renversant. Ce sont TOUS des gens par qui les choses arrivent.

4. **Les clubs de réseautage ou organisations commerciales propices à l'établissement de bons contacts.** Chez moi, à Charlotte, ce sont des groupes tels que le Metrolina Entrepreneurial Council, le Hood Hargett Breakfast Club et le Metrolina Business Council. Plus vous participez aux activités, plus vous vous faites connaître, plus votre influence s'étend et plus votre succès grandit.

5. **Des lieux où se rassemblent des gens de même mentalité.** Le Touchdown Club, l'association des anciens étudiants, le club ACT. Il est facile de trouver des sujets de conversation lorsqu'on a des intérêts en commun.

6. **Tout cours que vous suivez pour apprendre et vous perfectionner.** Les cours Toastmaster, Dale Carnegie, même une langue étrangère. D'autres personnes qui cherchent à s'améliorer y seront aussi. Vous deviendrez meilleur et vous vous ferez des amis pour la vie.

7. **Les organisation de citoyens.** Les clubs : Rotary, Kiwanis, Lions, etc. Les réunions sont une occasion rêvée de cultiver des liens et d'aider la collectivité en même temps. TUYAU : Soyez un chef de file plutôt qu'un membre ordinaire.

8. **Les événements culturels.** Le théâtre et l'orchestre symphonique attirent les gens qui ont de la classe et de l'argent. Assistez à une représentation pour en rencontrer quelques-uns.

9. **Les œuvres de bienfaisance ou le bénévolat dans la collectivité.** De la Société contre le cancer aux Amis du musée, tous les organismes comptent sur l'aide de bénévoles. Faites votre part.

10. **Votre association professionnelle.** C'est le meilleur endroit pour vous renseigner sur votre produit, votre concurrence ET vos clients, un trois dans un !

11. **L'association professionnelle de vos meilleurs clients.** Vous en apprendrez davantage sur vos clients ET vous entrerez en contact avec des clients potentiels. TUYAU : Donnez-y un séminaire, ne faites pas que participer.

12. **Les foires commerciales.** Thématiques ou générales, les foires offrent un bon tremplin pour se faire connaître, réaliser des ventes ou monter en grade. Ajoutez au dernier conseil un travail d'arrache-pied, et vous aurez la recette du succès dans les foires. Vous y ferez peut-être vos rencontres les plus profitables, et la plupart des gens gaspillent l'occasion en croyant qu'il s'agit d'une partie de plaisir pour s'éclater loin de chez soi.

13. **Le club privé.** Un club de golf, un club de gourmets ou un petit club privé par exemple. À Charlotte, le club privé le plus prestigieux est le Belle Acres. La nourriture est parfaite (le chef Mike est surdoué), l'atmosphère est agréable (les murs sont tapissés d'histoire), le service est impeccable (toujours avec le sourire et un brin d'humour) et le propriétaire est charmant (Bud Mingles, avec sa grande finesse d'esprit, rajoute au plaisir de l'endroit). Et les occasions de réseautage ne manquent pas (les grosses légumes de Charlotte finissent tôt ou tard par y manger).

14. **Les restaurants.** Donnez rendez-vous à un client au resto, et traitez-le comme un véritable invité. Faites le tour du restaurant pour voir qui se trouve au bar. Allez de l'un à l'autre avec tact et présentez chaque personne que vous rencontrez à votre invité. Créez une ambiance très conviviale. Complimentez chaque personne en présentant votre invité. PARENTHÈSE PERSONNELLE : Je déjeune toujours chez Einstein's Bagels, pour la nourriture et le service. Toutes mes réunions matinales y ont lieu. J'y rencontre TOU-JOURS d'autres personnes. Ce sont toujours des réunions d'affaire. Et souvent, les rencontres que je fais par hasard aboutissent à d'autres réunions d'affaire. TUYAU : Soyez propriétaire d'un restaurant ou de trois. Fréquentez des endroits où vous connaissez les propriétaires et les gérants. Ça joue un rôle important dans votre réseau-repas.

15. **Le centre sportif.** Faire de l'exercice et réseauter. Bon pour la forme et le portefeuille. À Charlotte, c'est le Y. Inscrivez-vous au club en vue, et travaillez la forme comme un champion.

16. **Les événements sportifs.** Aux matchs comme aux festivités qui les précèdent. Tout le monde va un jour ou l'autre voir une partie de baseball. Et pour satisfaire le fan compétitif en vous, jouez au Networking Game (vous le trouverez dans mon livre *The Sales Bible*).

17. **Les parents des amis de vos enfants.** Si vous avez un client très prometteur dont le fils joue dans la même ligue que le vôtre, vous aurez un atout important pour en faire un gros client.

18. **Les cinq à sept.** C'est un bon moyen d'établir un contact rapide. Mais n'oubliez pas, l'apéro ne dure pas toute la soirée.

19. **Le karaoké.** On s'y amuse comme des petits fous, on rencontre des gens et, en plus, on améliore ses techniques de présentation chaque fois qu'on chante une chanson.

20. **L'association des propriétaires du quartier ou de l'immeuble à condos.** Faites connaissance avec vos voisins et avec leurs connaissances.

21. **L'avion.** Il ne s'agit pas de faire la connaissance de tous les passagers, mais au moins de votre ou vos voisins immédiats. Vous ne saurez jamais qui ils connaissent si vous ne leur demandez pas. J'essaie toujours de vendre un livre à la personne assise à mes côtés. C'est amusant, ça garde la forme et c'est profitable.

21,5. **Être prêt à réseauter le moment venu.** Woody Allen dit que 90 % du succès, c'est de se présenter. Et il a presque raison : 90 % du succès, c'est de se présenter PRÉPARÉ. Votre annonce personnelle, votre annonce version cocktail ou votre petite accroche, toujours prêtes à servir, témoigneront – ou non – de vos prouesses de «réseauteur».

Voilà, je vous ai donné le plat de résistance.

À vous maintenant de dresser votre plan d'action personnel.

Énumérez tous les endroits possibles, sans en oublier un seul. Déterminez qui fréquente cet endroit maintenant et qui pourrait s'y trouver. Déterminez l'attrait commercial que ce lieu représente et partez de là.

TUYAU : Gagnez le respect de ceux qui comptent. Ne vous contentez pas de participer ; soyez un chef de file engagé.

BON TUYAU : Le principal avantage du réseautage est son côté décontracté. Une journée de travail est mouvementée : les affaires lui donnent un rythme effréné. Vous accomplirez plus et verrez plus de monde pendant les moments décontractés.

EXCELLENT TUYAU : Soyez conscient des gens qui se trouvent autour de vous. Le danger, par contre, c'est de ne pas accorder suffisamment d'attention à votre interlocuteur, d'être IMPOLI. Mais dès que la conversation se termine, balayez la salle des yeux. Plus vous serez attentif, plus ça paiera.

Je vous signale que la liste des meilleurs endroits où réseauter n'est pas un ramassis de suggestions. Au contraire, c'est la liste des activités auxquelles je m'adonne personnellement et qui m'ont valu de GRANDS succès. Ce sont des choses que je fais d'abord et que j'enseigne ensuite.

Faire des contacts, faire des ventes, éliminer les appels à l'improviste, prendre du galon, cultiver des relations, bâtir sa réputation et se faire des amis. C'est en réseautant que j'ai fait la connaissance de mes meilleurs amis – et je fais aussi des affaires avec eux, des affaires qui représentent des milliers de dollars.

Combien de grands amis avez-vous connus en faisant des appels à l'improviste ?

J'AI UN DÉFI POUR VOUS :
D'ici la semaine prochaine, participez à trois activités de réseautage suggérées dans ma liste. Je vous garantis que vous vous ferez des contacts, que vous amorcerez des relations et que vous réaliserez peut-être une vente ou deux.

Pour tirer le meilleur parti de l'événement, passez les trois quarts de votre temps avec des gens que vous ne connaissez pas.

– Jeffrey Gitomer

ARRÊT OBLIGATOIRE

● **Une rencontre en face-à-face pour commencer.** Faire connaissance avec quelqu'un au téléphone (appel à l'improviste, même si c'est un client recommandé) n'est pas le meilleur moyen d'amorcer une relation. Ça peut fonctionner, mais ce n'est pas l'idéal. Lorsque vous rencontrez une personne en tête-à-tête, vous pouvez la voir et l'écouter en même temps. C'est cent fois plus révélateur. Le réseautage est le meilleur moyen d'initier des rencontres en face-à-face. Il n'est pas nécessaire que ce soit des activités professionnelles après les heures normales de travail. Ça peut être un lunch à trois, la réunion d'une association professionnelle et même un congrès annuel. L'avantage des rencontres en face-à-face, c'est de plaire plus rapidement au client potentiel. Plus vous lui plairez, plus il achètera de vous. Le réseautage établit un rapport propice à des rendez-vous et à des ventes, beaucoup de ventes.

● **Avec le réseautage, fini les appels à l'improviste.** Comme je l'ai dit mille fois, les appels à l'improviste sont une perte de temps. Le téléphone et le porte-à-porte, c'est toujours une interruption pour la personne sollicitée. Ça marche… rarement. Et les appels à l'improviste (le manque de talent pour les appels à l'improviste serait plus juste) est la plus importante cause de rotation du personnel. Songez un instant à votre congrès annuel ou à votre foire commerciale. Une centaine d'exposants, même plus, et des décideurs qui circulent librement. Des gens que vous ne verriez même pas après un an d'appels à l'improviste se trouvent au même endroit au même moment. À quoi pensez-vous? Si vous faites leur connaissance et que vous leur plaisez, ce sera plus facile de les joindre par téléphone et de prendre rendez-vous. Imaginez le contraire: vous avez déjà appelé une personne que vous voyez à la foire. Que lui direz-vous? «Vous souvenez-vous de moi? Je vous ai appelé à l'improviste et vous m'avez raccroché au nez.»

● **Des possibilités d'indications de nouveaux clients.** Tous les contacts établis en réseautant ne donneront pas nécessairement lieu à des ventes pour vous. En vous inspirant d'une technique de réseautage avancée, le maillage, créée par Bob Littel à Atlanta (www.netweaving.com), vous pouvez aider les autres à trouver les ressources dont ils ont besoin. Ce faisant, vous verrez que les autres vous aideront en retour. De plus, vous pouvez circuler dans les mêmes endroits que vos clients, dans l'espoir que ceux-ci vous présentent à d'autres personnes comme eux, qui voudront peut-être aussi acheter de vous.

> **Le réseautage fonctionne bien si vous connaissez les deux mots d'ordre: pointez-vous!**
>
> **Le réseautage fonctionne à son meilleur lorsque vous connaissez les trois mots d'ordre: pointez-vous préparé!**

Principe 6

RENCONTRER LE VRAI DÉCIDEUR, OU SOMBRER DANS LA NULLITÉ

▸▸ Pourquoi on vous refuse des rendez-vous.

▸▸ Que le vrai décideur se lève !

ARRÊT OBLIGATOIRE

● Le réceptionniste ne vous laisse pas passer ? Vous êtes nul !

● On ne retourne pas vos messages ? Vous êtes nul !

« Ce ne sont pas vos blagues qui me font rire, mais de voir que vous me croyez suffisamment important pour prendre une décision. »

⋙ Pourquoi on vous refuse des rendez-vous.

Le type ne veut pas m'en donner.

Je ne réussis pas à entrer en contact avec le décideur.

Il ne veut pas s'engager à prendre un rendez-vous.

Elle ne retourne pas mon appel.

Il a reporté le rendez-vous trois fois en deux semaines.

Il m'a posé un lapin.

Cessez de vous plaindre. Ce ne sont pas des vraies raisons, plutôt un avertissement ou les symptômes de vos lacunes en techniques de vente élémentaires.

Pourquoi n'arrivez-vous pas à fixer de rendez-vous ?

Réponse polie : Aucune raison impérieuse de la part de l'acheteur pour vous rencontrer.

Vraie réponse : Vous ne pouviez lui vendre l'idée de dire « oui » ; il vous a vendu un « non ».

Or, le rendez-vous est le pivot de la vente. Impossible de vendre sans rencontre en personne ou au téléphone avec un décideur.

À NOTER : « Ça me paraît très intéressant, je vais en parler avec mon supérieur. » Voilà une réponse qui confirme que vous avez perdu votre temps. Et, à mon avis, ce n'est PAS un rendez-vous, c'est une visite.

Un rendez-vous, c'est une rencontre avec une personne en mesure de faire avancer le processus de vente ou une personne en position de décider.

Que devez-vous faire pour changer et atteindre ou surpasser vos objectifs en matière de rendez-vous ?

Formulez des raisons impérieuses, qui n'ont à rien à voir avec les conneries que vous utilisez maintenant. Pour économiser des sous, juste cinq minutes de votre temps. Je serai dans votre quartier demain, pour vous donner de l'information, et autres bêtises.

ET cessez de blâmer les autres pour vos lacunes. Certains d'entre vous obtiennent des rendez-vous et vendent par téléphone ; d'autres obtiennent des rendez-vous et se rendent sur place ; d'autres fixent des rendez-vous lors d'événements, et chacun de vous se croit différent, « oui, oui, Jeffrey », mais vous avez tous tort. Tous les rendez-vous se prennent de la même manière : en suscitant l'intérêt d'un décideur et en convenant avec lui d'un rendez-vous où vous lui ferez votre présentation.

- **Ne vendez pas le produit.**

- **Ne vendez pas le service.**

- **Vendez le rendez-vous.**

- **Le client ne peut passer le contrat ou le chèque par téléphone. Il faut vendre le rendez-vous.**

Comment obtenir un rendez-vous ?

Vous demandez. Non, pas tout à fait. Vous vous lancez, vous provoquez, vous offrez de la valeur, vous suscitez de l'intérêt, vous créez un désir.

Vous appelez, la personne accepte volontiers et vous convenez d'un rendez-vous. C'est un coup de chance, sans plus. Ma petite-fille de cinq ans, Morgan, peut envoyer de l'information par la poste et fixer un rendez-vous avec quelqu'un d'enthousiaste. Dans le cas qui nous intéresse, il s'agit de gens qui ne sont pas disposés à vous rencontrer.

ALLEZ, ON SE BOUGE !

« Si vous n'avez qu'un produit ou un service, personne ne voudra vous rencontrer. Si vous avez une solution rentable, tout le monde voudra faire votre connaissance. »

CONSEIL D'AMI : Pas d'intérêt de la part du client, pas de rendez-vous. Aucune valeur perçue, pas de rendez-vous. Aucune curiosité, pas de rendez-vous. Aucune réponse à un besoin perçu, pas de rendez-vous.

Votre compétence ne s'arrête pas à votre brochure ni à votre liste de prix. Cessez d'étudier la télé pendant toute la soirée, et devenez plutôt un spécialiste dans votre secteur d'activité. Renseignez-vous sur la manière dont le client utilise votre produit ou service afin de l'aider à bâtir son commerce et à faire un profit.

Vous aurez alors des chances de devenir un spécialiste de toutes sortes de choses : la marque, la fidélisation de la clientèle, l'utilisation des médias, la psychologie du client, l'effet de rémanence, la publicité, les relations publiques, l'image, et TOUT autre élément auquel le client s'intéresse pendant qu'il élabore SA campagne promotionnelle ou bâtit son entreprise.

ALERTE ROUGE

« Le client m'a posé un lapin. »

Rien de tout ça ne figure dans votre documentation. Si vous voulez connaître l'efficacité de votre brochure, munissez-vous d'un marqueur rouge et encerclez tous les éléments que votre client jugerait valable ou utile.

La première chose à faire AVANT d'obtenir le rendez-vous, c'est d'obtenir l'attention et l'intérêt du DÉCIDEUR. Pour ce faire, vous devez piquer sa curiosité à l'aide de questions et d'énoncés pertinents. Il voudra en savoir plus, pas nécessairement au sujet de votre produit ou service, mais de ce que vous pouvez faire pour l'aider.

- **Renseignez-vous au sujet du client.**

- **Soyez bref.**

- **Vous ne pouvez vendre qu'un rendez-vous.**

- **Ne lui demandez pas s'il va bien aujourd'hui ou s'il a déjà entendu parler de vous.**

Éveillez son intérêt. L'obtention du rendez-vous repose sur l'intérêt suscité.

Posez des questions intéressantes. Lorsque je vendais des listes de nouvelles entreprises et nouveaux propriétaires de maison, j'entrais chez un client potentiel en demandant : « Qui est responsable de la recherche de clientèle ? » Avec cette question, j'obtenais un rendez-vous dans plus de 50 % des cas. Si vous vendez des photocopieurs ou des services d'imprimerie, demandez à voir le responsable de l'image. Si vous êtes comptable, demandez le responsable des profits.

ALLEZ, ON SE BOUGE !

« Ont-ils hâte de vous rencontrer ? Ou n'êtes-vous qu'un mal nécessaire ? »

Demandez au client ce qu'il en pense. Et dites-lui en quoi il gagne ou pourrait gagner à vous rencontrer. Ne parlez pas d'économies à faire, mais plutôt de profits. Demandez un bref rendez-vous, avec option de le prolonger s'il est intéressé.

Visez les dirigeants de l'entreprise. Si vous vous demandez qui choisir entre le service de comptabilité et le chef de bureau, arrêtez tout de suite. C'est le PDG qu'il faut viser.

Parlez de rentabilité et de productivité. Laissez tomber les économies. Parlez d'idées et d'occasions – non, je ne vous dirai pas comment je m'y prends. Le client veut une oreille attentive, de l'aide, des réponses, de la productivité et de la rentabilité.

Le client ne veut pas être éduqué et n'a pas besoin de vos enseignements. Il veut des réponses, tout comme vous. Il ne veut pas de solutions. Il veut des réponses. Il ne veut pas perdre son temps à vous écouter parler de vous. S'il vous donne de son temps, il est mieux d'être au centre de l'attention.

D'après vous, que veut le client : des réponses à ses problèmes ou votre boniment ?

Offrez au client des réponses en échange d'un rendez-vous, et que ça saute !

Vous aurez votre rendez-vous.

▸▸ Que le vrai décideur se lève !

Le client vous dit : « Encore une approbation et je vous passe la commande. » *Ah, quel bonheur ! À moi la commande !* Ne vous réjouissez pas trop vite. La dernière approbation, c'est celle du décideur, le vrai, le patron. L'interlocuteur que vous auriez dû avoir dès le départ. La seule personne à pouvoir refuser, définitivement. Auquel cas vous vous retrouverez dans un cul-de-sac !

Secouez-vous un peu, mon ami. Cette vente tient à un fil, et que faites-vous ? Vous rentrez à la maison, claironnant que l'affaire est dans le sac ou suppliant je ne sais qui de vous donner la commande. Vous vous mettez le doigt dans l'œil.

Voici ce que vous devez faire : Dès que vous entendez la phrase « Encore une approbation et je vous passe la commande », vous devez répondre du tac au tac : « Excellent, quand est-ce qu'on se rencontre ? » Arrangez-vous pour que le type accepte que vous participiez à la réunion où se prendra la décision finale.

Si vous n'êtes pas présent au moment de la décision, il y a de bonnes chances que vous perdiez la bataille finale sans avoir pu tirer un seul coup.

ESSAYEZ CECI : Sur un ton amical, sans chercher à conclure une vente, dites au client : « Je suis un spécialiste de (votre domaine) et vous, vous êtes un spécialiste de (son domaine). De toute évidence, lorsque nous discuterons de mes services, vous soulèverez des questions de productivité et de rentabilité. Vous conviendrez sûrement que la bonne information doit être présentée pour que vous puissiez prendre la décision la plus intelligente, non ? (Obtenir son consentement). Et des questions concernant mes services se poseront probablement. J'aimerais donc être présent pour répondre aux questions qui relèvent de mon expertise, de manière à ce que vous puissiez prendre une décision qui sera dans le meilleur intérêt de votre entreprise. » (Si ça échoue, essayez d'ajouter ceci : « S'il vous plaîîîîît. Je serai votre meilleur ami. »)

S'il accepte, c'est qu'il vous considère comme une ressource, un partenaire. Il vous fait confiance. Sinon, il vous considère comme un simple vendeur.

ALERTE ROUGE

« Maintenant, il veut une proposition. »

Lorsque la décision finale appartient à d'autres, en plus d'apprendre à mieux évaluer l'acheteur la prochaine fois, il vous faut réaliser les cinq étapes suivantes, sans quoi la vente sera en péril...

1. **Obtenir l'approbation personnelle du client.** « Cher client, si ce n'était que de vous et que vous n'aviez à en discuter avec personne d'autre, iriez-vous de l'avant ? » (Il dira presque toujours oui.) Demandez-lui ensuite : « Est-ce que ça veut dire que vous allez recommander notre service aux autres ? » Amenez-le dans votre camp pour qu'il parle favorablement de vous et de votre service devant les autres, mais ne le laissez pas, lui ou n'importe qui d'autre, faire la présentation à votre place.

2. **Faire équipe avec le client.** Commencez à parler de « nous » et de « l'équipe ». En vous intégrant à l'équipe du client, vous l'attirerez de votre bord.

3. **Organiser une réunion avec tous les décideurs.** Prenez tous les moyens (éthiques) pour y parvenir.

4. **Savoir d'avance qui est le principal décideur.** « Parlez-moi un peu des autres. » Notez tout ce qu'on vous donne comme information. Cherchez à découvrir la personnalité des autres décideurs.

5. **Redonner une présentation complète.** Seulement si vous tenez à conclure le marché.

ALLEZ, ON SE BOUGE !

« Les décideurs n'ont pas besoin de proposition si vous leur offrez une valeur évidente ou leur faites une démonstration convaincante des profits à faire. »

Autrement, laissez la tâche au client. Il se croit capable d'y arriver tout seul, et fera de son mieux pour vous en convaincre.

Vous vous croyez capable de réaliser ces cinq étapes ? En êtes-vous bien sûr ? (Il est évident que vous cherchez un raccourci, sinon vous auriez mieux évalué l'acheteur dès le début.)

Si vous faites l'erreur de laisser votre client jouer votre rôle de vendeur (il parlera au patron ou au groupe à votre place), vous serez perdant. Presque tout le temps.

**Voici 2,5 mesures
de prévention pour l'avenir :**

1. **Déterminer que le décideur est le « seul »
   à choisir en posant une question
   apparemment innocente au début de
   la présentation.** Devez-vous examiner
   (discuter, soumettre, etc.) des décisions
   (des situations) comme celle-ci avec
   quelqu'un d'autre ? Il s'agit de déterminer
   si une autre personne participe à
   la décision AVANT de faire votre
   présentation.

2. **Empêcher la situation de se produire en disant dans la présentation initiale :** « Si notre _____
   vous intéresse, lorsqu'on aura ter-
   miné, serait-il possible de rencontrer le PDG pour en parler ? »

2,5. La question la plus importante à poser est la suivante (et il faut la poser en ces termes exacts) : «Dites-moi, comment cette décision sera-t-elle prise ?» Votre interlocuteur vous donnera une réponse. À vous de poursuivre en demandant : «Et après ?» Et le décideur vous dévoilera les méandres du processus décisionnel. Vous lui poserez la question encore quatre ou cinq fois et, bingo, vous obtiendrez le nom du vrai décideur.

Le nombre de ventes que vous réaliserez sera directement proportionnel au nombre de vrais décideurs que vous rencontrerez. Le problème de la plupart des vendeurs, sauf vous bien entendu, c'est qu'ils se retrouvent assis devant des gens qui doivent demander la permission d'acheter.

Les vrais vendeurs s'assoient devant les vrais décideurs. Que le vrai vendeur se lève !

- Le décideur ne vous accorde pas de rendez-vous ? Vous êtes nul !

- Et toutes ces années, vous blâmiez quelqu'un d'autre.

ALLEZ, ON SE BOUGE !

« Les décideurs établissent les budgets. Les non-décideurs les dépensent. »

ARRÊT OBLIGATOIRE

● Le réceptionniste ne vous oriente vers personne ? Vous êtes nul ! Je suis toujours étonné de constater que des vendeurs viennent encore se plaindre du fait qu'ils n'arrivent pas à se rendre au-delà du réceptionniste. Combien de fois vous cognerez-vous le nez sur des portes closes avant de comprendre que, finalement, ça ne marche pas ? Que vous devez trouver une nouvelle approche ? Mon premier conseil, c'est de ne pas passer par le réceptionniste. Allez dans le stationnement, le hall, sur l'étage, et demandez de l'aide à n'importe qui d'autre. On vous aidera. Mais il y a un truc pour aller au-delà du réceptionniste qui fonctionne à tout coup. Je vous le donne pour que vous l'utilisiez une bonne fois pour toutes. Présentez-vous au réceptionniste et demandez-lui de parler avec une personne du service des ventes. Un vendeur se pointera en moins de trois minutes, prêt à tout vous dire au sujet de tout le monde. Voilà le travail du vendeur : dire des choses aux gens. Il vous accompagnera jusqu'au bureau du PDG en vous racontant le type de voiture que le patron conduit, l'université où il a étudié, le nom de ses enfants, ses équipes favorites et son handicap au golf. Il vous dévoilera tous les secrets de la compagnie et le fera avec plaisir. Voilà le truc. Demandez une personne dans les ventes, puis adressez votre requête à cette personne.

ALERTE ROUGE

« Le type a dit qu'il devait en discuter avec... »

● **On ne retourne pas vos messages ? Vous êtes nul !** Tout le monde a sa stratégie pour les messages téléphoniques, mais peu fonctionnent. Et pour cause : les boîtes vocales permettent de filtrer les appels et les gens indésirables, dont vous faites peut-être partie. Vous appartenez sûrement à la catégorie des inconnus. Dans *The Sales Bible*, je propose de laisser un message incomplet, en faisant semblant que la communication a été coupée. Allez chercher le livre. Dans mes séminaires, je dis aux gens de demander à un de leurs enfants de laisser un message à la personne qui ne retourne pas leurs appels. La personne rappellera dans une vingtaine de minutes, garanti. Mais la boîte vocale est là pour que vous donniez à la personne une raison valable de vous rappeler. Pas très difficile à comprendre, n'est-ce pas ? Supposons que vous ayez fait une proposition à un client et que vous lui laissiez un message de ce type : «J'espère que vous avez eu ma proposition, et si vous avez des questions, n'hésitez pas à me rappeler.» On ne vous rappellera pas, c'est sûr. Votre message est stupide, vous le savez, je le sais et le client aussi le sait. Avec les messages, il faut se montrer plus audacieux et prendre des risques. Si vous trouvez une formule humoristique et créative, il y a des chances qu'on vous rappelle. Sinon, n'y comptez pas.

ALLEZ, ON SE BOUGE !

« Les décideurs n'ont pas besoin d'en discuter avec qui que ce soit. »

Principe 7

UN CLIENT INTÉRESSÉ
SE CONVAINCRA LUI-MÊME

▸▸ Posez les mauvaises questions,
   vous aurez les mauvaises réponses.

▸▸ Posez des questions intelligentes,
   on vous croira intelligent.

ARRÊT OBLIGATOIRE

⬤ Des questions perspicaces amèneront le client
   à réfléchir différemment.

⬤ Les questions définissent le ton de la relation
   et l'opinion de l'acheteur.

⬤ Les questions déterminent les réponses données.

⬤ Les questions font le succès ou l'échec de la vente.

⬤ Les questions jouent un rôle crucial
   dans l'impression donnée au client.

« N'oubliez pas, vous ne pouvez pas faire irruption
et vendre votre salade. Vous devez d'abord lui lécher
le visage pendant quelques minutes. »

▸▸ Posez les mauvaises questions, vous aurez les mauvaises réponses.

L'aspect le plus important d'une vente, c'est aussi le point faible de tous les vendeurs. Et j'ai nommé les questions.

C'est un mystère. Les questions sont si importantes qu'on croirait qu'elles sont le sujet des formations données toutes les semaines. Et pourtant, les chances sont bonnes que les vendeurs n'aient jamais suivi de séminaire sur l'art de poser une question.

À quel point sont-elles importantes ? La première question de nature personnelle donne le ton de la relation et la première question de nature professionnelle donne le ton de la vente. Est-ce assez important pour vous ? Quels avantages y a-t-il à poser la question juste ? Bonne question.

Voici 9,5 activités cruciales :

1.   Évaluer le pouvoir décisionnel de l'acheteur.

2.   Instaurer un rapport.

3.   Reconnaître le caractère unique du client.

4.   Distinguer la concurrence ou s'en différencier.

5.   Établir sa crédibilité.

6.   Connaître le client et son secteur d'activité.

7.   Déterminer les besoins.

8.   Savoir ce qui fait réagir le client.

9.   Obtenir des renseignements personnels.

9,5.   Conclure la vente.

Vous aurez les réponses voulues en posant les bonnes questions. Des questions perspicaces.

Voici le hic :

Avez-vous 25 questions perspicaces dans votre manche ? Non ? Eh bien, vous êtes en bonne compagnie : c'est le cas de 95 % des vendeurs. Ça explique peut-être pourquoi seulement 5 % d'entre eux se retrouvent au sommet. Une petite hypothèse en passant (ou l'est-ce vraiment ?).

Et le défi :

Réussir à faire dire à chaque client : « C'est la première fois qu'on me pose cette question. »

Voici 7,5 techniques éprouvées de présentation de questions :

1. Posez des questions qui obligent le client à évaluer une nouvelle information.

2. Posez des questions qui précisent les besoins.

3. Posez des questions sur la productivité, les profits ou les économies.

4. Posez des questions sur les objectifs organisationnels ou personnels.

5. Posez des questions qui vous distinguent de la concurrence, et non qui vous y comparent.

ALERTE ROUGE

« Le client est resté là, sans rien dire. »

6. Posez des questions qui obligent la personne à réfléchir avant de répondre.

7. Posez des questions qui créent une atmosphère propice à l'ACHAT.

7,5. Une stratégie cruciale : pour perfectionner vos techniques d'écoute, notez les réponses par écrit. Ce faisant, vous montrez que l'échange vous tient à cœur, vous recueillez de l'information pour le suivi, vous prévenez tout malentendu et vous accordez de l'importance au client.

Comment formuler une question perspicace ?

Le truc : Il y a une astuce pour formuler et poser des questions perspicaces. Des questions qui amènent le client à réfléchir à ses intérêts, mais d'un point de vue utile au vendeur.

Ça semble compliqué, mais ce ne l'est pas.

Voici des mauvais exemples :

Quel type d'assurance vie avez-vous ?

Avez-vous un téléavertisseur ?

Avec qui faites-vous affaire pour les interurbains ?

Toutes nulles.

Voici de bons exemples :

Si votre mari devait décéder, comment feriez-vous vos versements hypothécaires ? Que feriez-vous pour envoyer vos enfants à l'université ?

ALLEZ, ON SE BOUGE !

« Si vous posez des questions qui interpellent le client, ce dernier sera incapable de rester là sans rien dire. »

Si votre client le plus important vous appelait à l'instant, comment auriez-vous le message ?

Si vos interurbains vous coûtaient 30 % de trop, comment le sauriez-vous ?

Ces questions font réfléchir le client, qui doit y répondre en fonction de ses propres intérêts, mais de manière utile à votre point de vue. WOW !

Voici un coup gagnant :

Scott Wells, de Time Warner Cable à Raleigh, a sorti une question en or au cours d'une formation. L'objectif était de poser des questions visant à situer le client par rapport à la télévision par câble et de lui vendre le plus grand nombre de chaînes option- nelles possible. La question de Scott : « Si vous pos- sédiez votre propre station de câblodiffusion, Cher client, qu'y présenteriez-vous ? » Du grand art ! Pour répondre, le client dévoile tout ce qu'il aime (et pos- siblement ce qu'il n'aime pas), et le vendeur n'a plus qu'à cueillir le tout pour orienter sa vente.

ALERTE ROUGE

« Il m'interrompait tout le temps pour répondre à ses appels. »

Et des questions en rafale :

Disons que je forme une équipe de vente (quelle coïncidence, c'est ce que je fais). Voici une série de questions conçues pour amener le client à penser à lui, et à répondre en fonction de moi. (Les réponses, qui ne sont pas données, influencent par- fois l'ordre des questions, mais vous allez saisir la technique.)

- Combien de vendeurs n'ont pas atteint leur cible de ventes l'année dernière ?

- Pourquoi ? (La cause principale ?)

- Qu'allez-vous faire cette année pour vous assurer qu'ils les atteignent ?

- Quel type de perfectionnement personnel avez-vous mis en place pour chacun ?

- Quel soutien donnez-vous à votre personnel de vente ?

- Dans votre dernier budget, quelle somme avez-vous affectée à la formation ?

- Combien auriez-vous aimé pouvoir y affecter ?

- Après une formation, comment mesurez-vous les progrès accomplis par chaque personne ?

Ces huit questions me donnent assez de réponses pour récrire le livre de ventes record de ce client (et aussi son carnet de chèques).

Les bonnes questions, voilà ce qu'il faut poser. Ça passe ou ça casse en fonction des questions. Si vous ne réussissez pas toutes les ventes que vous voulez, examinez d'abord la formulation de vos questions. La réponse se trouve dans les questions.

Les questions débloquent les ventes.

Euh, avez-vous des questions ?

ALLEZ, ON SE BOUGE !

« Si votre message est pertinent, le client fermera la sonnerie de son téléphone. »

**Vous cherchez des entrées en matière ?
En voici quelques-unes…**

- Que recherchez-vous dans…

- Qu'avez-vous trouvé…

- Comment comptez-vous…

- Qu'avez-vous pensé de…

- Avez-vous eu du succès avec…

- Comment déterminez-vous…

- Pourquoi est-ce un facteur déterminant…

- Qu'est-ce qui vous permet d'arrêter votre décision…

- Qu'aimez-vous dans…

- Qu'est-ce que vous amélioreriez dans…

- Que changeriez-vous dans… (et non « Qu'est-ce qui vous déplaît dans… »)

- Y a-t-il d'autres facteurs qui…

- Que fait votre concurrent au sujet de…

- Comment vos clients réagissent-ils à…

**ALERTE
ROUGE**

« Il a dit qu'il n'était pas intéressé. »

Pour que vos questions portent fruit, vous devez y réfléchir d'avance et les noter par écrit. Élaborez une vingtaine de questions qui vous permettront de faire le point sur les besoins, les problèmes, les inquiétudes et les objections du client, puis une autre vingtaine qui amèneront le client à s'engager par suite de l'information recueillie.

Puis exercez-vous. Après avoir posé les bonnes questions pendant un mois environ, vous commencerez à en voir les vraies récompenses.

▸▸ Posez des questions intelligentes, on vous croira intelligent.

Posez des questions stupides...

La vérité vraie : Les vendeurs se font connaître par les questions qu'ils posent.

Sachant cela, on pourrait croire que tous les vendeurs poseront des questions intelligentes, mais non. Encore une chose qui ne cesse de m'étonner : avec toutes les options dont les vendeurs disposent, ils choisissent d'aliéner, de contrarier ou de faire douter le client avec des questions qui font déraper la relation dès le départ.

ALLEZ, ON SE BOUGE !

« Si le client n'est pas intéressé, c'est que vous n'êtes pas intéressant. »

Voici les questions les plus stupides posées par les vendeurs, et les raisons pour lesquelles ils les posent.

• **Qui est votre fournisseur actuel... ?**

Les recherches préparatoires à l'appel devraient vous donner la réponse. Et le client croit peut-être que ça ne vous regarde pas. Joli départ.

• **Êtes-vous actuellement satisfait de votre... ?**

Tout le monde répondra par l'affirmative. Et ensuite ? Bon, d'accord, si vous êtes satisfait, je vous laisse en paix et j'abandonne.

• **Combien vous coûte actuellement votre... ?**

Ça ne vous regarde pas (prise 2). Venons-en au prix le plus rapidement possible.

• **Puis-je vous préparer un devis pour... ?**

Pourquoi lui envoyer un devis ? Le prochain vendeur lui offrira la même chose pour deux sous de moins et il aura le contrat. Que faites-vous de la valeur ?

• **Puis-je vous faire une offre pour... ?**

Même chose que le devis, mais en pire. Ça devient une vente uniquement axée sur le prix. Faible marge, faible profit, faible commission, faible taux de succès. En voulez-vous encore ?

• **Parlez-moi un peu de vos activités.**

Non, vous faites perdre du temps au client. Renseignez-vous un peu sur ces activités afin de vous présenter avec des réponses et des idées qui l'enthousiasmeront suffisamment pour acheter.

• **Êtes-vous la personne qui prend les décisions concernant... ?**

Voyons donc. C'est LA question qui engendre le plus de mensonges. La réponse est affirmative et fausse la plupart du temps. Pourquoi poser une question qui donne une information trompeuse ? La bonne question, c'est : « Comment la décision sera-t-elle prise ? »

• **Si je pouvais vous faire épargner de l'argent, est-ce que vous... ?**

Tous les vendeurs pensent que le client sautera de joie à l'idée d'économiser. En fait, l'acheteur voit cette tactique d'un mauvais œil et le vendeur, lui, doit travailler deux fois plus fort pour prouver ce qu'il avance et souvent abaisser son prix (ainsi que sa commission).

Et la pire question de toutes :

• **Que devrais-je faire pour vous avoir comme client ?**

Cette question revient à dire au client : « Écoutez, je n'ai pas beaucoup de temps. Pourriez-vous me dire tout simplement le moyen le plus rapide d'obtenir cette commande, avec le moins d'effort possible de ma part ? »

DES EXPRESSION BÊTES ET STUPIDES : Mentionnons quelques mots et expressions que les clients détestent et dont ils se méfient : aujourd'hui, franchement, honnêtement, si j'étais vous, ou quoi que ce soit qui se rapporte au dernier choix qu'ils ont fait et à leurs concurrents.

Je vous sens devenir hostile à mon égard... Je ne dis pas qu'il ne faut pas obtenir cette information, je dis simplement qu'il y a des moyens plus intelligents d'obtenir l'information qui aboutira à la vente. Les questions ci-dessus amèneront le client à avoir une moins bonne opinion de vous et n'entraîneront qu'une guerre des prix et de la frustration.

Toutes ces questions tournent autour du prix. Et si vous voulez vraiment conclure la vente, vous n'avez qu'à réduire votre prix au point de faire peu ou pas de profit. Intéressant, non?

Les questions intelligentes portent le client à réfléchir et à travailler pour vous. Si vous lui posez des questions dont vous auriez pu trouver la réponse ailleurs, par exemple en consultant son site Web, qu'est-ce que cela révèle au sujet de votre intelligence ou de votre débrouillardise? Rien de bien flatteur!

NOTE: Vous pouvez vous offrir le luxe de poser au client une question faible concernant ses activités avec l'entrée en matière suivante: «Je naviguais sur votre site hier soir et il m'est venu quelques idées que j'aimerais vous soumettre, mais je vous demanderais d'abord quelques précisions sur la manière dont vous servez vos clients.» VOUS POUVEZ POSER N'IMPORTE QUELLE QUESTION ET QUAND MÊME AVOIR L'AIR INTELLIGENT.

Si vous vous présentez avec une IDÉE qui vous est venue en lisant le rapport annuel, un article d'une publication spécialisée ou des rubriques du site du client, vous gagnerez le respect de la personne responsable de la décision d'achat. Le client estimera également que vous êtes crédible. Or, respect et crédibilité vous vaudront sa confiance. Sa confiance l'incitera à acheter de vous. Pensez-y la prochaine fois que vous formulerez une question.

La vente n'attend que vos questions.
Il vous suffit de les poser de la bonne façon.

ARRÊT OBLIGATOIRE

● **Des questions perspicaces amèneront le client à réfléchir différemment.** C'est la partie audacieuse. Vous posez des questions pour amener le client à vous donner de l'information qui vous fera progresser vers la vente. Vous voulez savoir ce qui l'a influencé par le passé. Vous voulez comprendre ce qui motive sa décision d'achat. Et vous voulez savoir à partir de quels critères il vous a choisi. Pour inciter le client à réfléchir différemment, vous devez poser des questions stimulantes. En voici un bon exemple: «M. Tremblay, que feriez-vous si vous perdiez deux de vos dix meilleurs clients? Et poursuivez avec celle-ci: «Que faites-vous pour conserver vos clients?» Ce sont des questions qui ne se rapportent à aucun produit ou service en particulier. Elles ne conviennent peut-être pas aux activités de tous les clients, mais elles poussent à la réflexion, ça c'est sûr! Vous auriez peut-être intérêt à vous les poser.

● **Les questions définissent le ton de la relation et l'opinion de l'acheteur.** Lorsque votre question commence par «Quelle a été votre expérience par rapport à...», le client se transforme en fournisseur de sagesse plutôt que d'information. Gardez-vous de lui faire part de votre propre sagesse, mais sachez qu'il vous appréciera nettement plus si vous lui demandez d'exposer la sienne. Vous marquerez des points. Hélas, les vendeurs pensent qu'ils doivent «éduquer» les acheteurs. Faux. Les acheteurs veulent plutôt des réponses. Vos questions préparent le processus de vente, qui est surtout un processus d'achat. Votre tâche consiste à créer l'ambiance qui stimulera l'acheteur, intellectuellement et émotionnellement.

● **Les questions déterminent les réponses données.** Si vous cherchez à débattre des raisons pour lesquelles votre produit est différent du produit de la concurrence, ou à expliquer pourquoi le vôtre coûte plus cher, vous n'avez qu'à poser une question stupide sur la manière dont la concurrence traite le client. Si vous posez une question concernant une offre ou des économies à réaliser, les réponses vont porter sur le prix et le type de contrat que vous pouvez offrir au client. Mais si vous posez des questions relatives à une valeur – la productivité et la rentabilité –, vous obtiendrez des réponses qui révéleront les motivations d'achat du client.

● **Les questions font le succès ou l'échec de la vente.** Si vous savez que les questions sont cruciales, pourquoi passez-vous votre temps affalé devant la télé ? (Voilà une question qui porte sur la valeur, au cas où vous n'auriez pas remarqué.) Pourquoi n'avez-vous pas dressé une liste de 25 questions que la concurrence ne pose pas ? Plus vos questions pousseront les acheteurs à réfléchir, plus ceux-ci vous respecteront. Plus ils vous respecteront, plus ils se montreront francs envers vous et vous exposeront les principaux facteurs qui détermineront la vente. Et ils vous révéleront aussi comment la décision est prise. Pendant que vous êtes là, assis devant eux, ils ne cessent de se demander dans quelle mesure vous leur plaisez et leur inspirez confiance. Ces facteurs vont déterminer s'ils achèteront ou non de vous.

● Les questions jouent un rôle crucial dans l'impression donnée au client. Si vos questions sont intelligentes et stimulantes, le client verra en vous une personne de valeur. Autrement, il vous considérera comme un vendeur de prix.

Laurent est devenu le meilleur vendeur de sa compagnie le jour où il a compris l'importance des questions efficaces.

« *Vous rendez-vous compte qu'on va me virer si vous n'achetez rien ? Comment supporterez-vous de savoir que la banque reprendra ma maison et que mes enfants devront vendre leurs jouets sur eBay ? Que mon chien devra manger des gens pour survivre ?* »

Il est facile de vendre
quand on y met du cœur.

Les bonnes questions vont directement
au cœur du problème, du besoin ou
de la situation, sans que l'acheteur
ne se sente bousculé.

– Jeffrey Gitomer

Principe 8

FAIRE RIRE LE CLIENT POUR QU'IL ACHÈTE EN SOURIANT

▸▸ Vendra bien qui rira le premier.

▸▸ Votre sens de l'humour laisse à désirer ? Travaillez vos blagues.

ARRÊT OBLIGATOIRE

● L'humour, la dernière frontière.

● L'humour, synonyme de maîtrise de la langue.

● Qu'y a-t-il de si drôle à être professionnel ?

● Une blague et une histoire, ce n'est pas pareil.

● L'universalité du rire.

« *C'est bien de faire rire le client, mais de là à allumer un gros pétard dans son bureau… Faut pas déconner.* »

▸▸ **Vendra bien qui rira le premier.**

Hé, j'ai une nouvelle photo. Il était temps, l'autre datait de quatre ans. J'ai perdu un peu de cheveux depuis, un peu beaucoup, j'avoue. Mais comment pouvais-je le remarquer ? Ils sont tombés un à la fois.

Je peux réagir de deux manières à ma calvitie :

1. C'est horrible ! Je perds mes cheveux. Pauvre de moi.
2. Il ne m'en reste plus beaucoup à perdre.

J'ai cherché à tirer parti de cette malchance (si on veut voir le côté vaniteux de la chose) pour me moquer de moi et faire rire les autres.

Dans un séminaire par exemple, je pourrais dire quelque chose comme ceci : « En fait, je ne perds pas mes cheveux, j'en fais don à des gens moins chanceux que moi », pendant que je montre du doigt quelqu'un qui a une tête bien fournie. Même le Hair Club m'a refusé, prétextant qu'il fallait en avoir pour être admis.

Ou encore : « Je porte des cravates extravagantes parce que je sais que personne ne me dira : "Wow ! Jeffrey, quelle belle tête !" Mon crâne un peu dégarni m'a apporté des avantages financiers ; par exemple, j'utilise très peu de shampoing et encore moins de revitalisant. Et comme je consacre très peu de temps à ma coiffure, je peux soigner d'autres aspects de mon apparence. »

La semaine dernière, un type voulait que je lui donne ma description pour qu'on vienne me cueillir à l'aéroport. «Je mesure six pieds, je pèse environ 185 livres, je porte la barbe et j'ai les cheveux courts, mais j'en ai perdu quelques-uns.» Il a éclaté de rire.

L'autre jour, je me trouvais à Dallas, dans un hôtel plutôt branché, et j'avais besoin d'une coupe de cheveux. Je me demandais combien elle me coûterait, mais je n'ai pas posé la question. J'ai failli m'étouffer lorsqu'on m'a présenté la note : 50 dollars! «Un dollar le cheveu, c'est ça?» ai-je fini par articuler.

Voilà pourquoi, dans mon matériel de présentation, il est question d'humour plutôt que de cheveux. Quelle est votre touche humoristique? En avez-vous une?

L'ASTUCE : En faisant rire ou sourire les gens, vous les mettez à l'aise et vous créez une ambiance qui prédispose à la complicité. S'ils apprécient votre humour, ils seront davantage portés à acheter votre produit ou service.

ALERTE ROUGE

« Le type n'avait aucun sens de l'humour. »

- *Choisissez quelque chose qui vous fait rire.* Ma calvitie m'a longtemps agacé, mais un peu moins maintenant. Je cherche des moyens d'en rire parce que je ne peux rien y changer.

- *Choisissez quelque chose de personnel.* Si ça vous concerne, vous serez plus à l'aise.

- *Trouvez des plaisanteries qui, sans être éculées, ont fait leurs preuves.* Testez-les sur vos amis et vos collègues d'abord. S'ils rient, utilisez-les. Sinon, trouvez mieux.

- *Évitez les obscénités.* À tout prix.

- *Attention aux blagues ethniques et sexistes.* Mieux vaut les éviter aussi.

- *Moquez-vous de vous-même.* Ça passe si vous êtes le sujet de la plaisanterie. Mais ne riez pas des gens à leurs dépens.

- *N'étirez pas la sauce.* Après une fois ou deux, passez à autre chose.

- *Prenez de petits risques.* Si l'autre type est chauve, je dis : «Vous savez, la première chose qui m'a plu chez vous, c'est votre coiffure.» Il rit et il y a eu rapprochement dans ce *malheur partagé.*

Selon moi, faire rire les gens est un atout. Le client n'est pas toujours intéressé par votre baratin, mais il appréciera toujours une bonne blague.

Voici quelques sujets sans danger.

- *Les enfants.* Ce qu'ils ont dit ou fait.

- *La circulation.* Ce que vous avez fait ou vu.

- *Les comédies de situation.* Racontez une situation vue à la télé, en mentionnant la source.

ALLEZ, ON SE BOUGE!

«Laissez tomber les blagues, racontez plutôt des histoires.»

- *Votre apparence.* Coiffure, vêtement, maquillage, chaussures.

- *Vos passe-temps.* Golf, tennis, jogging.

- *Vos ambitions.* Frustrations sur le chemin de l'avancement, études.

Développer le sens de l'humour prend du temps, et comme toutes les autres aptitudes propres à la vente, il faut l'étudier. Bien sûr, certaines personnes sont des comiques-nés. MAIS même si vous n'êtes pas très drôle, vous pouvez apprendre. Mon conseil : soyez attentif à ce qui vous arrive.

L'autre jour, je prenais une douche dans un hôtel et j'ai décapsulé une nouvelle bouteille de shampoing. En refermant la bouteille, je me suis fait la réflexion suivante : « Tu sais que tu n'as pas beaucoup de cheveux quand tu utilises le shampoing et tu ne peux même pas dire s'il en manque. » J'ai ri de moi. Pouvez-vous en faire autant ?

ALERTE ROUGE

« Mes diapos PowerPoint sont d'un ennui... »

L'humour ne contribue pas seulement à la vente, mais aussi à la relation. Le rire, c'est un signe d'approbation mutuelle, et l'approbation mutuelle est le pivot de la vente. Faites rire votre client, il achètera en souriant.

« Mais Jeffrey, je ne suis pas drôle. Mon sens de l'humour est nul. » Alors, suivez des cours.

Que l'humour soit avec vous...

GLASBERGEN

« *J'ai commencé ma présentation avec quelques
histoires et je les ai fait mourir de rire.
Dommage que je ne vende pas des cercueils.* »

**ALLEZ, ON SE
BOUGE !**

« On se sert de
PowerPoint pour
communiquer
un message.
L'humour peut
être un bon
messager. »

⏵ Votre sens de l'humour laisse à désirer ? Travaillez vos blagues.

1. **Allez voir des spectacles d'humoristes.** Étudiez le débit, le rythme. Examinez les réactions de l'auditoire. Notez ce qui fait rire les gens. Qu'est-ce qui vous fait rire ?

2. **Regardez des comédies à la télé.** Les anciennes émissions sont souvent plus drôles. Prenez en note ce qui est comique. Bugs Bunny est pas mal. Actions, tons de voix, expressions faciales, choix des mots et des histoires.

3. **Lisez des livres de blagues ou des livres comiques.** Le livre de plaisanteries de Milton Berle est particulièrement bon. Ceux d'humoristes tels que Dave Barry, Art Buchwald, Scott Adams et Lewis Grizzard sont excellents.

4. **Adhérez aux Toastmasters (un club de perfectionnement en communication orale).** Ils ont des programmes avancés pour les comiques.

5. **Observez les enfants attentivement.** Les enfants sont naturellement drôles, tant dans ce qu'ils disent que dans leur manière d'agir.

6. **Renseignez-vous sur l'histoire.** La vérité est souvent plus étrange et plus drôle que la fiction.

7. **Prenez des risques lorsque vous avez peu à perdre.** À la maison, avec des amis, au tribunal de divorce, en prison, etc.

8. **Invitez un humoriste ou un rédacteur de blagues à dîner.** Vous apprendrez les mécanismes de l'humour en passant du temps avec des professionnels.

9. **Exercez-vous à faire des expressions et des gestes comiques devant le miroir.** Si vous êtes vraiment brave, faites-les dans le rétroviseur.

10. **Sortez votre annuaire du secondaire.** Regardez votre photo. Ou celle de votre petite amie.

11. **Inscrivez-vous à un cours de théâtre.** C'est un bon moyen de sortir de votre coquille. Un ami m'a dit que je jouais comme un imbécile. Je ne joue pas, que je lui ai répondu.

12. **Écoutez vos humoristes préférés dans la voiture.** Glissez un CD juste avant de vous présenter chez le client pour vous mettre en train.

13. **Soyez attentif aux choses humoristiques dans votre vie quotidienne.** Cherchez à apprécier les choses au moment où elles se produisent, plutôt qu'en différé.

ALLEZ, ON SE BOUGE !

« Les vendeurs professionnels se font souvent damer le pion par les vendeurs comiques. Je vous assure, demandez à n'importe quel vieux routier. »

14. **Exercez-vous à exagérer vos gestes et expérimentez des postures.** Une bonne partie de l'humour vient du langage corporel. Cherchez à être drôle sans dire un mot.

15. **Fréquentez des gens comiques.** Vous serez étonné de constater que vous deviendrez plus drôle à force de fréquenter des gens comiques.

15,5. **Riez beaucoup.** Si vous songez sérieusement à faire de l'humour, commencez à rire et à sourire davantage.

ARRÊT OBLIGATOIRE

● **L'humour, la dernière frontière.** Il est facile d'apprendre tout ce qu'il y a à savoir sur votre produit, sur votre client, sur l'art de la vente, mais il est difficile d'apprendre l'art de l'humour et encore plus difficile de placer cet humour au moment opportun dans votre présentation. Essentiellement, l'humour détend l'atmosphère. Et dans une atmosphère détendue naîtront l'amitié, le respect et la complicité. C'est la frontière finale, selon moi, parce que c'est le dernier élément que vous intégrerez dans le processus de vente.

> **Vous faites appel à l'humour lorsque vous avez tout appris sur votre produit, sur votre client et sur ses activités, et sur la vente.**

Si vous utilisez l'humour sans avoir maîtrisé les trois autres éléments, vous ne serez qu'un clown qui n'arrive pas à vendre. L'humour n'est pas une planche de salut, mais plutôt un outil qui permet de consolider la relation et la vente.

● **L'humour, synonyme de maîtrise de la langue.** Une personne qui est un comique naturel est probablement une personne très intelligente. Dans l'acquisition d'une langue étrangère, la dernière chose qu'on maîtrise, c'est l'humour. Il est très difficile de faire une blague dans une langue étrangère, n'importe laquelle. Mais une fois les nuances linguistiques maîtrisées, vous disposez d'une solide base pour favoriser un rapport et un engagement intellectuels solides. À NOTER : L'humour n'est pas indiqué pour tous les clients. Vous saurez tout de suite si la personne devant vous n'entend pas à rire. La meilleure chose à faire dans cette situation, c'est d'éliminer toute forme d'humour dans votre présentation et d'espérer que le type n'achète pas un prix. Mais si je me fie à mon expérience, c'est probablement le cas. Habituellement, la personne qui veut passer tout de suite aux choses sérieuses est pressée de connaître le prix.

● **Qu'y a-t-il de si drôle à être professionnel ?** Si votre boniment est strictement professionnel, vous risquez de perdre la vente aux mains d'un type dont l'approche est mi-professionnelle, mi-amicale. Drôle et sympathique, c'est 100 fois mieux que professionnel tout court. Si vous en doutez, observez l'animateur d'un *talk-show* de fin de soirée. Est-il professionnel ou comique ? Combien d'argent fait-il ? Combien d'argent faites-vous ? Il ne s'agit pas de comparer votre présentation au monologue d'un David Letterman, mais de comparer la manière dont vous croyez devoir faire votre présentation à *celle* dont votre acheteur potentiel aimerait que se déroule votre présentation. J'ai intégré des pointes d'humour dans mes présentations depuis 30 ans, ce qui m'a valu non seulement des tonnes d'argent, mais aussi des tonnes d'amis. Ce sera pareil pour vous.

● **Une blague et une histoire, ce n'est pas pareil.** La plupart des vendeurs se contentent d'être des conteurs de blagues, et ils souvent mauvais. Il est dangereux de conter des blagues, qui sont rarement amusantes à part ça. D'abord, la plupart sont dégradantes pour le personnage mis en scène. Ensuite, elles manquent presque toujours de naturel, comme si la personne en faisait trop. Et le pire : si le client connaît la blague, vous aurez l'air d'un parfait idiot, surtout lorsque vous serez le seul à rire. Les histoires, en revanche, sont authentiques. Elles parlent d'expérience, se bâtissent sur un humour effacé ou subtil et sont intéressantes. Il suffit souvent de raconter une histoire pour donner au client l'envie d'en raconter une à son tour. Et un rapport s'établit. Les histoires sont aussi efficaces dans les présentations, surtout pour permettre au client de faire un lien avec votre produit ou service. Les chiffres et les faits sont vite oubliés, mais les histoires sont racontées plus d'une fois.

● **L'universalité du rire.** On enseigne rarement l'humour dans la vente. Simplement parce que la plupart des formations et des formateurs en vente ne sont pas drôles. Je ne veux pas dire par là que si vous n'êtes pas drôle, vous êtes foutu, mais je dis que si nous nous affrontons dans une situation de vente et que je suis drôle alors que vous êtes professionnel, ou que je suis drôle et que vous ne l'êtes pas, c'est moi qui aurai le dessus le plus souvent. Si vous ne vous croyez pas drôle, étudiez l'humour et renseignez-vous sur la manière de le devenir.

On peut débattre de la juste
dose d'humour, on peut débattre
de la façon la plus efficace d'intégrer
l'humour, on peut même débattre
du type d'humour à utiliser.
Mais on ne peut nier
le pouvoir du rire,
ce rassembleur de vendeurs
et d'acheteurs.

– Jeffrey Gitomer

Principe 9

LA CRÉATIVITÉ, UN OUTIL POUR SE DIFFÉRENCIER ET L'EMPORTER

▸▸ D'où vient la créativité ? De vous, bien sûr !

▸▸ Un trio de différences.

▸▸ Un message d'accueil à changer. Ça presse !

ARRÊT OBLIGATOIRE

● La créativité, un art qui s'apprend.

● On ne vous dira plus jamais : « Nous sommes satisfaits de notre fournisseur actuel. »

« Ce n'est pas parce que ça fait vendre des hamburgers que Ronald McToilette est le meilleur moyen de vendre des fournitures de plomberie industrielle. »

⋫ D'où vient la créativité ? De vous, bien sûr !

« Quelle bonne idée ! »

« C'est vous qui y avez pensé ? »

« Comment avez-vous trouvé cette idée ? »

Voilà le genre de commentaires qu'on vous fera sans doute lorsque vous proposerez une idée brillante. Alors, comment vous est-elle venue ? Sais pas, elle m'est venue, sans plus. Enfin, presque. La créativité n'est pas un mystère.

Les gens m'accusent d'être « créatif », entre autres choses. À tel point que je commence à l'enseigner autour de moi. Pas mal, n'est-ce pas, pour un type qui l'étudie encore ?

Dans quelle mesure étudiez-vous la créativité ? Pas suffisamment ! Reconnaître une idée géniale est une chose, la trouver en est une autre. La différence entre le type qui a inventé le *pet rock* (un animal de compagnie virtuel) et celui qui l'a acheté. L'inventeur est plus satisfait (plus riche) que l'acheteur (vous).

D'où vient la créativité ?

On l'apprend.

Dans quelle mesure est-elle importante dans la vente ?

Elle est très importante.

Où vous situez-vous sur l'échelle de la créativité ?

Assez bas.

Pouvez-vous améliorer votre créativité ?

Oui. Lisez un livre sur le sujet. Exercez-vous.

Voulant comprendre les racines de la créativité personnelle, je me suis posé des questions et j'ai observé mon environnement pour cerner les facteurs qui commandent ou nourrissent mon propre processus créatif. Je ne prétends pas avoir découvert le secret définitif de l'esprit créatif; je vous offre plutôt le regard introspectif d'une personne plusieurs fois accusée de créativité. Au fil de votre lecture, évaluez votre position par rapport aux diverses facettes de la créativité.

Voici les 13,5 facteurs qui commandent ou inspirent mon processus créatif:

1. **La matière grise.** Les personnes stupides ne sont pas très créatives. Plus la personne est intelligente, plus elle a de chances d'avoir des idées brillantes, ou du moins d'en être capable. La seule chose à faire, c'est de comprendre d'où viennent les idées et comment créer l'atmosphère propice à leur matérialisation.

2. **L'attitude.** Une attitude négative neutralise la pensée créative. Comme tout le monde, il vous est sûrement arrivé, cinq minutes après la fin d'une engueulade, de penser à ce que vous auriez pu ou dû dire. C'est simple : dans le feu de la discussion, les ondes créatives sont inhibées par les ondes négatives.

ALERTE ROUGE

« Je ne suis pas quelqu'un de très créatif. »

3. **L'observation.** Regarder les choses et les situations est une chose, trouver une idée dans cette observation en est une autre. Que les choses aillent bien ou mal, elles offrent toujours des occasions de penser et de voir selon son propre point de vue. En deux mots, il s'agit de prêter attention.

4. **La collection d'idées.** La minute où vous jugez qu'une chose possède un brin de créativité, consignez-la, sur une serviette de table, dans votre agenda électronique, dans votre ordinateur portatif, etc. Au moment où la pensée surgit, examinez-là sous tous les angles. Il est tout aussi frustrant qu'étonnant de constater à quelle vitesse les bonnes idées surgissent et s'évanouissent.

5. **La confiance en soi.** Pour avoir de plus en plus d'idées originales, vous devez d'abord croire que vous êtes capable d'en générer une. Si vous vous dites que vous êtes créatif, des choses nouvelles commenceront à se produire. Il n'y a pas de vantardise à croire qu'on est quelqu'un de créatif. Songez-y plutôt comme à une affirmation, en vous disant que vous avez toujours de nouvelles idées sur le bout de la langue.

ALLEZ, ON SE BOUGE !

« La créativité est un art qui s'apprend. Lisez un livre sur le sujet. »

6. **Un réseau de soutien.** Entourez-vous de gens qui vous encouragent. Plus vous entendrez des gens vous dire « ça ne marchera pas », plus vous finirez par le croire. Mais le contraire est aussi vrai. Il faut des gens dans votre entourage qui vous diront que vos idées sont bonnes. À l'occasion, mais probablement plus souvent, vos idées feront flop ou bien seront carrément idiotes. Mais n'oubliez jamais qu'un jour quelqu'un a dit : « Je pense qu'on pourra voler d'un bout du pays à l'autre en quatre heures seulement », et que quelqu'un d'autre s'est étouffé de rire. Il ne faut jamais dire : « Ça ne décollera jamais. »

ALERTE ROUGE

« Mon produit est devenu une marchandise de base. »

7. **L'environnement créatif.** Créez un environnement propice. Certains aiment le bruit, d'autres pas. Se battre contre l'environnement est tout aussi improductif que de se battre contre une personne. Tôt ou tard, ça jouera sur votre attitude, et les bonnes idées resteront emprisonnées, incréées même.

8. **Des mentors.** La meilleure façon de vous inspirer, c'est de fréquenter des personnes créatives. Une connaissance peut être tout aussi importante qu'un mentor. La première sera peut-être une personne spontanée, créative

et pleine d'humour. Le second sera quelqu'un avec qui vous pourrez avoir des échanges plus profonds.

9. **L'étude de la créativité.** Plus vous lirez, plus vous comprendrez comment les autres ont appris et enseigné la créativité. Comme point de départ, je vous recommande les ouvrages suivants, si vous ne les avez pas déjà lus : de Michael Michalko, *Thinkertoys* ou son dernier *Cracking Creativity* ; d'Edward de Bono, *Les six chapeaux pour penser*, *La pensée latérale*, et une compilation de ses réflexions intitulée *La boîte à outils de la créativité*. Ensuite, passez aux livres du Dr Seuss, le champion de la créativité pour les adultes et les enfants. Aucun enfant ne peut lire les livres des deux premiers auteurs ni assimiler leur contenu, mais tous peuvent lire et relire les classiques du Dr Seuss (*The Cat in the Hat*, *Yertle the Turtle*, *Green Eggs* & *Ham*, *Horton Hears a Who*), y réfléchir et en tirer des leçons. J'ai 25 ouvrages de ce légendaire écrivain. Maintenant que je vous ai donné les titres, il ne vous reste plus qu'à les acheter et à les lire.

ALLEZ, ON SE BOUGE !

« Une marchandise de base, c'est du porc et du maïs. Tout le reste peut être différencié avec l'approche valeur et un brin de créativité. »

10. **L'histoire de la créativité dans votre secteur.** Pour mieux comprendre ce qui se passe aujourd'hui et projeter vos idées dans le futur, vous devez bien saisir ce qui s'est passé hier et pourquoi. Le spécialiste de la vente que je suis trouve sa meilleure inspiration dans les livres écrits il y a 50 ou 70 ans. On découvre toujours une nouvelle perspective aux vieilles choses.

11. **Les modèles de créativité.** Examinez les concepts présentés dans *Les six chapeaux* ou *Six Action Shoes*. À partir d'un modèle classique de la créativité, Edward de Bono utilise des couleurs pour communiquer un processus. L'exemple le plus simple du modèle est donné dans *Thinkertoys*, c'est celui du concassage (l'équivalent français de l'acronyme SCAMPER – substituer, changer, adapter, modifier, prolonger, éliminer et renverser ou réarranger), qui consiste à améliorer une idée existante en se posant des questions. En soumettant un objet, une pensée ou un projet à la technique du concassage, on aboutira à de nouvelles idées. Le but, c'est de constater qu'il est possible d'apprendre la créativité plutôt que d'être créatif. Apprendre plutôt qu'être, voilà. Mais

ALERTE ROUGE

« Le client dit que tous les photocopieurs sont pareils. »

l'un ne remplace pas l'autre, ce sont des compléments. Parfois, on peut faire ou penser des choses sans trop savoir pourquoi. Or, la question n'est jamais aussi importante que l'action.

12. **Le risque de l'échec.** Qui ne risque rien n'a rien ! Tous les créatifs prennent des risques. C'est la nature même du processus. Oser une idée nouvelle, oser une activité nouvelle. Le meilleur exemple de l'échec, dans le contexte du risque, c'est celui de Thomas Edison. C'est aussi le meilleur exemple de la réussite. Il a réfléchi, il a étudié, il a essayé, il a risqué, il a échoué des MILLIERS de fois, et il a réussi, pas à moitié. Des milliers d'inventions et d'idées brillantes. Des dizaines de milliers d'idées et d'inventions au panier. Partout où la créativité vous mènera, le risque l'accompagnera. Celui-ci fait partie du processus. Appréciez le frisson qu'il apporte comme s'il s'agissait d'un tour de montagnes russes. Même quelqu'un qui a raté deux présences au bâton sur trois pendant 20 ans s'est retrouvé au Temple de la renommée avec une moyenne au bâton de 0,333.

ALLEZ, ON SE BOUGE !

« Si le client considère que tous les produits sont identiques, seule la capacité du vendeur d'en créer un nouveau le fera changer d'opinion. »

13. **La créativité à l'œuvre.** Il n'y a rien de plus gratifiant que de voir ses idées utilisées à bon escient. En général, les gens ont tendance à vanter (avec fierté) et à s'approprier «leur idée», qu'elle soit petite ou grandiose. «Vous voyez ce truc-là? C'est moi qui y ai pensé.» Même si c'est déplacer un objet d'un bout de la pièce à l'autre, trouver une nouvelle configuration pour un vieil équipement ou créer un slogan, il y a une ÉNORME FIERTÉ à «voir» son idée.

13,5. **Sus au ridicule.** Aussi brillante que soit votre idée, il y aura toujours quelqu'un, quelque part, prêt à la dénigrer. Il faut IGNORER ces gens. Ils sont jaloux parce qu'ils n'ont pas d'idées eux-mêmes.

Pour ceux d'entre vous qui croient que toutes les bonnes idées ont été prises, pensez au hockey, sport vieux d'un siècle et demi environ. Or, le masque du gardien de but, lui, ne date que de 30 ans. N'aurait-on pas pu l'inventer dans les 120 premières années? C'est le gardien Jacques Plante qui en a eu assez de recevoir des rondelles en plein visage! Et il a créé le masque. Comme quoi la nécessité rend ingénieux.

Il y a une tonne d'idées aussi évidentes qui attendent d'être pensées, et c'est à vous de le faire. Des millions de gens connaissaient le hockey, mais seulement une personne a imaginé une façon plus sécuritaire d'y jouer.

Il y a dans *Thinkertoys*, que j'ai lu et relu, une citation si intéressante que j'ai commandé à l'auteur, Michael Michalko, une caisse de livres qu'il a autographiés. La voici: «L'imagination est plus importante que le savoir.» C'est d'Albert Einstein. CQFD. À vous maintenant!

▸▸ **Un trio de différences.**

1. **L'entrée en matière.** La plupart du temps, les gens commencent leur présentation par un baratin des plus usés. Un tas de données au sujet du produit et de l'entreprise. Beurk! POSEZ UNE QUESTION INTELLIGENTE DÈS LE DÉPART, ET LE CLIENT CROIRA QUE VOUS ÊTES INTELLIGENT.

   Par exemple…

   - Combien vaut votre image? Avez-vous un plan de match pour rehausser votre image cette année?
   - Combien coûte à votre compagnie une heure de productivité perdue? Combien vous coûte la mise à pied d'un employé?
   - Si votre _____ vous coûtait 20 % de plus que nécessaire, comment le sauriez-vous?

2. **Nouvelle marque, nouvelle image.** Message d'accueil, bordereau de télécopie. Faites la liste de vos activités habituelles, et changez-les aujourd'hui. Pensez à d'autres choses pour stimuler votre réflexion. Votre carte d'affaires, votre titre professionnel, la manière dont vous acheminez les appels, la manière dont vous prenez les messages, vos articles publicitaires, VOUS.

3. **Suivi et présence.** Il n'y a pas que le traditionnel mot de remerciement rédigé à la main. Il y a aussi Internet et la page d'info que vous pouvez publier sur le Web, le courriel hebdomadaire que vous envoyez à vos clients pour leur donner des conseils. L'idée, c'est de créer une valeur, que ce soit au moyen de témoignages, d'un bulletin, etc.

▸▸ Un message d'accueil à changer. Ça presse !

En quels termes accueillez-vous vos clients ? Comme ceci peut-être ?

Je suis soit au téléphone, soit à l'extérieur du bureau.

Sans blague ? C'est pathétique.

« Non, pas tout à fait, Jeffrey. Je mentionne aussi la journée. »

« *Aujourd'hui, lundi, je serai en réunion pendant la matinée, et je passerai à mon bureau dans l'après-midi.* »

Pathétique.

Je me fous de ce que vous faites. J'appelle pour vous parler.

La messagerie vocale est un des mystères de la vente. Sur 10 000 boîtes vocales, 9 999 ont un message d'accueil pathétique.

Pourquoi dois-je savoir que vous n'êtes pas à votre bureau ? Ou que vous êtes en réunion ? Ou quel est le jour de la semaine ? Nul besoin et nulle envie de savoir ces choses. Ce que je veux, c'est vous parler.

Bon nombre d'entreprises ont deux systèmes de réponse, le premier où l'ordinateur m'informe que, « pour mieux me servir », je dois choisir l'une des neuf options suivantes. Donc, lorsque j'arrive enfin dans votre damnée boîte vocale, je suis contrarié au max.

Sans oublier l'impolitesse de la personne à la réception qui me transfère à votre boîte vocale sans avoir pris la peine de me prévenir que vous étiez absent.

Excusez ma diatribe, mais je viens de vous donner une bonne raison pour laquelle votre client ira vers la concurrence, où les gens sont peut-être plus affables et serviables.

Revenons à vous et votre pathétique message d'accueil. Voici 7,5 idées qui donneront un peu de tonus à votre message et inciteront quelqu'un à appeler quelqu'un d'autre pour lui dire que ça vaut la peine de l'entendre. Vous voyez, les gens qui achètent vos trucs parlent avec d'autres gens qui achètent vos trucs. Et si quelqu'un appelle pour entendre votre message, c'est une piste à suivre.

Les indications de nouveaux clients coûtent cher et ne courent pas les rues. Votre message d'accueil est un outil de prospection ainsi qu'une publicité de bouche à oreille.

1. **Un court message exposant la proposition de valeur ou de profit de votre produit.** Une allusion ou un conseil (dites-moi une chose que je peux faire pour tirer profit de votre produit) que vous numéroterez et changerez toutes les semaines.

2. **Une citation qui porte à réfléchir.** Vous en trouverez des millions sur le Web. Changez-la tous les jours.

3. **L'imitation d'une célébrité.** Trouvez une personne qui imite les voix, sinon réalisez vous-même une mauvaise imitation. Les choix sont innombrables.

4. **Votre enfant.** « Bonjour. Ici Jacquot, l'accident coûteux de David. Il est à l'extérieur, en train de gagner l'argent pour payer mes frais de scolarité. Pour faire votre part, vous pouvez laisser un message et une commande. »

5. **Un peu d'humour.** D'une voix un peu lasse : «Je travaille seul, et le monde est si grand.»

6. **Une plaisanterie au sujet de votre produit.** «Bonjour, vous avez rejoint Thomas. Je suis à l'extérieur, en train de sauver le monde une boîte à la fois. Laissez-moi un message et j'essaierai de trouver une boîte de carton pour sauver votre monde.»

7. **Le témoignage d'un client.** Imaginez un de vos meilleurs clients dire : «Salut, ici Denis Simoneau, de Plomberie ABC. Joseph est ici en ce moment, s'occupant de nos affaires comme il le fait depuis 10 ans. Vous devriez le laisser s'occuper des vôtres aussi.»

7,5. **Quelque chose d'un peu dingue.** J'ai gardé celui-ci pour la fin, car les gens craignent en général les bizarreries, les patrons réagissent plutôt mal aux messages bizarroïdes et les clients ne les aiment pas toujours. MAIS ce sont les messages qui font jaser le plus. «Bonjour. Je suis probablement ici. Je filtre les appels pour éviter une certaine personne. Laissez-moi un message, et si je ne rappelle pas, vous saurez que cette personne, c'est vous.»

Mon message ? Toujours bizarre. Voici celui de mon cellulaire : «Bonjour. Ici Jeffrey. J'aimerais bien pouvoir vous parler, mais je ne peux pas. Veuillez me laisser votre numéro de carte American Express, ainsi que la date d'expiration, et je vous rappelle tout de suite.» Vous croyez peut-être que c'est dingue, mais trois personnes par jour me laissent le numéro de leur carte. C'est amusant, c'est mémorable et c'est sans malice.

Le message doit être court, au plus 35 mots. Écrivez-le, répétez-le puis enregistrez-le. Changez-le souvent. Toutes les semaines de préférence. Écoutez les commentaires qu'on vous fera ; vous saurez ainsi s'il est bon ou non.

Si vous prétendez vous distinguer de la concurrence, votre message d'accueil serait un EXCELLENT début.

« *Bonjour. Ici Suzanne, des Propriétés Soleil. On me dit que vous êtes à la recherche d'une maison de villégiature abordable.* »

Voici les messages d'accueil de quelques-uns de mes clients.

Bonjour. Vous avez rejoint Sylvain de SML. Je suis à l'extérieur, à la recherche de clients qui ne savent pas encore qu'ils ont besoin de nos services. Veuillez me laisser un message afin que vous soyez le client que je visite.

Salut ! C'est Martin, et vous appelez en ce plus beau jour de ma vie. Merci de votre appel, qui me comble de bonheur. Au son du timbre, veuillez me dire qui vous êtes et ce que je peux faire pour vous aider. Je vous souhaite une excellente journée. Je sais que la mienne le sera. Bip !

Bonjour. Raymond à l'appareil. J'assiste à un cours de formation de génies, Les petits Einstein. Je suis encore au niveau de Monsieur Je-sais-tout, mais laissez-moi quand même votre question et je vous rappellerai avec la réponse.

Ici Robert. J'aimerais pouvoir vous parler, mais je travaille comme un forcené pour envoyer mon fils à l'école de métier. Veuillez me laisser une commande et un message, et je vous reviendrai dès que possible.

Ici la boîte vocale de Laurent. Je suis chez des clients, en train de vendre de l'assurance vie, mais laissez-moi un message. Avec une fille qui se marie cet été et l'autre qui entreprend des études avancées, soyez assuré que je vais vous rappeler dès que possible.

Je branche ma guitare électrique et je gratte quelques très mauvais accords, puis je dis : *Ici Ghislain. Je ne peux répondre. Je suis en train de faire mes gammes. Laissez-moi un message ou, encore mieux, une commande. Comme ça, je pourrai me payer des leçons.*

Bienvenue aux Laboratoires Photo ABC. Nous sommes absents. Maintenant que Daniel s'est marié, il a finalement une vie en dehors du travail. Si vous voulez le joindre et rendre service à sa femme du même coup, appelez-le sur son cellulaire, au 555-1212, ou laissez un message.

(La voix de mon fils de 7 ans) *Merci d'appeler Louise. Ici son fils, Julien, et j'ai besoin d'un nouveau jeu Playstation. Alors, laissez vos nom et numéro de téléphone et JE VEILLERAI à ce qu'elle vous rappelle.*

ARRÊT OBLIGATOIRE

● **La créativité, un art qui s'apprend.** Si je vous demande quelle est, sur une échelle de 1 à 10, l'importance de la créativité dans la vente, vous allez répondre 10. Mais si je vous demande où VOUS vous situez en matière de créativité, vous ne répondrez probablement pas 10. Avez-vous déjà lu un livre sur la créativité ?… C'est ce que je pensais. C'est incroyable, la quantité de gens qui n'ont rien lu sur le sujet. Heureusement, les librairies sont pleines de bons livres. Le meilleur est *Thinkertoys*, de Michael Michalko. Achetez-le, lisez-le, étudiez-le.

● **On ne vous dira plus jamais : «Nous sommes satisfaits de notre fournisseur actuel.»** On vous a déjà donné cette réponse ? Bien sûr ! Combien de fois ? Pourquoi l'acceptez-vous encore ? Avec un peu de créativité, vous ne l'entendrez plus jamais. Voici comment : «Monsieur, madame, je visite de nombreux clients potentiels, et la plupart me disent qu'ils sont satisfaits de la personne avec qui ils font affaire. Nos clients sont fous de joie de faire affaire avec nous, ils obtiennent une valeur incroyable, sont plus productifs et empochent de gros profits grâce à nous. Aimeriez-vous mieux être satisfait, ou plutôt fou de joie et plus rentable ?» Le client dira : «Fou de joie et plus rentable.» «PARFAIT, répondrez-vous. Je suis venu ici aujourd'hui, ESPÉRANT que vous étiez satisfait de votre fournisseur actuel.» Écartez l'objection AVANT qu'ils aient l'occasion de la mentionner.

Principe 10

DES RISQUES EN MOINS, DES VENTES EN PLUS

▸▸ La façon évidente de vendre :
éliminer le risque d'acheter.

▸▸ Remplacer le risque par un argument de vente
irréfutable : l'annulation du risque.

ARRÊT OBLIGATOIRE

● Le plus grand obstacle à la vente :
le risque inexprimé perçu par l'acheteur.

● Éliminez le risque et il achètera.

● À vendre sans risque, on gagne sans mérite.

*« Détendez-vous, fermez les yeux et imaginez la fierté
que vous éprouverez en sachant que vous avez les moyens
de trop payer pour mes produits. »*

⏵⏵ La façon évidente de vendre : éliminer le risque d'acheter.

Éliminez le risque et les clients achèteront sans doute plus facilement. Tout un concept! La vente ne pourrait être plus simple.

Afin d'exploiter pleinement cette stratégie, posez-vous les cinq questions suivantes par rapport à votre produit ou service :

1. Quelle est la définition du risque ?

2. Quelle est l'origine du risque ?

3. À quel degré de risque est-ce que je demande à mes clients de s'exposer lorsqu'ils font un achat ?

4. Comment puis-je découvrir les facteurs de risque ?

5. Comment puis-je atténuer ou éliminer le risque ?

Dans le contexte de l'achat, le risque est un obstacle mental ou physique, réel ou imaginé, qui entraîne l'acheteur à hésiter ou à remettre en question l'acquisition.

Fait intéressant, il est plus difficile d'identifier le risque que de l'éliminer. Et le risque des uns est le plaisir des autres. Ce qui semble ordinaire et sans conséquence pour le vendeur peut représenter un ÉNORME risque pour l'acheteur. Une somme de quelques milliers de dollars pour les uns peut être une montagne d'argent pour les autres.

Quels sont les éléments les plus fréquents du risque d'achat? Réfléchissez aux questions suivantes en adoptant le point de vue de l'acheteur:

- **Une erreur financière.** Inquiétude quant à la valeur des dollars dépensés. Le risque de trop payer, de ne pas en avoir pour son argent.

- **Un risque financier.** Ai-je les moyens? Est-ce que je dépense trop? Est-ce que je dépasse mon budget? Vais-je pouvoir payer?

- **Un faux besoin.** Et si je me procure le produit mais que je ne l'utilise jamais? En ai-je vraiment BESOIN? Vais-je le regretter?

- **C'est moins cher ailleurs.** Je ne veux pas acheter tout de suite. Je veux comparer les prix. Je risque de surpayer.

- **Un produit inadéquat.** Ça ne convient pas tout à fait. Je risque d'acheter quelque chose que je ne veux pas vraiment.

- **Des attentes insatisfaites.** Ce n'est pas ce que je m'imaginais. Je risque d'acheter un produit inadéquat.

ALERTE ROUGE

« Le type refuse de prendre position. »

- **La qualité du produit.** Le risque d'un rendement insatis-faisant. Le produit risque de tomber en morceaux.

- **Le service après-vente.** Sera-t-il à la hauteur ? Y aurais-je accès au moment où j'en ai besoin ? Est-ce que je veux courir le risque d'un mauvais service ?

- **La performance.** Le produit ne fonctionnera pas comme promis. Je risque d'acheter un citron.

- **C'est meilleur ailleurs.** Il se peut qu'il existe un meilleur piège à souris si je continue de chercher un peu plus.

- **L'obsolescence.** On sortira peut-être un nouveau modèle le jour où je me déciderai à acheter. (Comme c'est toujours le cas avec les ordinateurs.)

- **Le ridicule.** Le risque de faire un mauvais choix, à mes pro-pres yeux et aux yeux des autres. La peur du ridicule.

- **La malhonnêteté du vendeur.** Le produit n'est pas à la hau-teur des prétentions du vendeur. Je ne fais pas confiance à ce type.

- **La colère d'autrui.** Est-ce que je vais m'attirer des ennuis ? Le schème de pensée habituel de l'acheteur incapable de pren-dre une décision par lui-même. Est-ce qu'on va se mettre en colère contre moi ?

Comme on le voit, le risque est un manque de confiance, que ce soit envers le produit, le service, l'entreprise, le vendeur ou soi. Faute de faire confiance, l'acheteur remettra en question son acquisition.

RÉALITÉ. Si le besoin et la capacité d'acheter existent et qu'il n'y a pas d'intentions cachées (le type a l'intention d'acheter d'un autre, il a un ami dans le domaine, il n'est pas le vrai décideur), la personne hésite pour l'une ou l'autre des raisons suivantes :

1. La petite voix qui dit « non »

2. La peur de l'inconnu

3. Le manque d'information

3,5. Le manque de confiance envers le vendeur, l'entreprise ou le produit

En bref, le risque potentiel de l'achat est plus grand que la récompense d'avoir l'objet en sa possession.

Voici comment vaincre la peur du risque.

POUR RÉUSSIR. Déterminez la tolérance au risque de l'acheteur. Elle varie d'une personne à l'autre. Demandez-lui s'il aime le jeu, s'il a déjà pris des risques commerciaux. Interrogez-le sur ses habitudes d'achat. Mesurez sa tolérance à la lumière de ses expériences passées. Recherchez les causes.

ALERTE ROUGE

« Il m'a dit que le conseil d'administration devait décider. »

POUR RÉUSSIR. Déterminez les risques liés à l'achat. Il y en a moins de 10. Notez-les et, pour chacun, présentez des arguments visant à l'éliminer. Déterminez ce que l'acheteur a à perdre s'il achète et, parallèlement, ce qu'il a à gagner. Demandez-lui d'évaluer le pour et le contre, pas seulement les risques.

POUR RÉUSSIR. Identifiez, éliminez ou atténuez. Demandez au client : « Quel est le risque ? », puis « Quel est le gain ? » Si le risque est faible et le gain élevé, la décision est évidente.

Le facteur risque est subtil. Seuls les meilleurs vendeurs réussiront à le vaincre, et les autres s'exposeront à un risque encore plus grand : celui de se faire montrer la sortie par la concurrence.

▸▸ Remplacer le risque par un argument de vente irréfutable : l'annulation du risque.

Vous vous rapprochez de la décision finale, vous sentez avoir bien évalué le client, vous savez que l'affaire est presque dans le sac, votre présentation a été excellente, et vous n'êtes pas le seul à le penser, mais il manque encore quelque chose. Il y a une hésitation, que vous n'arrivez pas tout à fait à définir.

Permettez-moi de vous aider : l'acheteur sent que le RISQUE de l'achat est plus grand que le GAIN de l'acquisition.

Puis, viennent les excuses habituelles pour gagner du temps : « Je vais y penser, rappelez-moi plus tard » (la mort annoncée d'une transaction chancelante) ou le très populaire : « Je dois en parler avec… ». Zut alors !

Donc, que faites-vous ? Vous continuez à vendre ? Pas tout à fait. Il s'agit plutôt de trouver où se situe le risque et de l'éliminer.

Qu'est-ce qui nuit au OUI ? Quel élément de risque dois-je éliminer pour conclure cette transaction ?

Voici quelques petites voix (toujours inexprimées) qui mettent des bâtons dans les roues.

- Je ne peux vraiment pas me le permettre. Je n'arriverai peut-être pas à payer les mensualités.

- Je vais l'acheter, rentrer à la maison et constater que ça ne marche pas.

- Je vais l'acheter, rentrer à la maison et constater que c'est horrible !

- Je vais l'acheter, le patron en prendra connaissance et explosera.

ALERTE ROUGE

« Il voulait savoir qui d'autre utilisait ce produit, et depuis combien de temps. »

- Je vais l'acheter, puis me rendre compte que si j'avais comparé les prix, j'aurais pu l'avoir meilleur marché.

- Je vais l'acheter, mais je ne m'en servirai jamais.

- Je vais l'acheter, puis un modèle plus récent (ou meilleur) sortira dans deux semaines, et je resterai pris avec cette antiquité.

- Je vais l'acheter, et les employés n'aimeront pas mon choix.

- Je vais l'acheter et me rendre compte que j'ai dépensé tout cet argent pour quelque chose dont j'aurais très bien pu me passer.

- Je vais l'acheter, et le prix sera réduit de moitié la semaine prochaine.

Vous voyez ce que je veux dire ? Les facteurs de risque sont à la fois invisibles et inexprimés parce qu'ils exposent les réactions et les pensées instinctives de l'acheteur.

REMÈDE. On peut aborder quelques soupçons dans l'effort de conjurer la peur, mais on doit parfois lancer quelques « commentaires éliminateurs » du risque pour déterminer la nature de l'obstacle.

Voici quelques exemples.

- Si vous craignez que ça ne fonctionne pas une fois à la maison, ne vous inquiétez pas. Vous pouvez TOUJOURS le ramener (pour favoriser la tranquillité d'esprit). Nous voulons votre bonheur.

- Nous en vendons beaucoup à des entreprises comme la vôtre. Mais si pour une raison ou une autre, votre entreprise ne l'aime pas, nous vous rembourserons en entier ou l'échangerons.

- Nous sommes tellement convaincus du prix très concurrentiel de ce produit que nous vous le vendrons au meilleur prix affiché que vous trouverez dans les 45 jours suivant la livraison.

ALLEZ, ON SE BOUGE !

« Personne ne veut risquer, mais tout le monde veut les avantages associés au risque. Vous pouvez amener le client à prendre position, éliminer le besoin d'attendre la décision du conseil d'administration et rassurer l'acheteur en identifiant et en éliminant les éléments de risque que comporte l'achat. »

À NOTER : Si le risque est le prix, le gain est la valeur.

Le risque est réel et constitue un vrai obstacle à la vente. Trop souvent, les vendeurs confondent risque et objection, et continuent de mousser la vente. (Avez-vous déjà eu affaire à un vendeur arrogant qui semble plus intéressé à votre portefeuille qu'à votre sécurité?)

Le risque, qui éveille la peur, est une émotion que l'acheteur rationalise.

Il n'y a pas de remède universel. Voici donc ce que vous devez faire.

1. Identifiez les risques.

2. Opposez à chacun un argument qui l'éliminera.

3. Faites-en l'essai auprès d'acheteurs qui résistent sans donner de raison.

4. Peaufinez vos arguments de manière à convaincre vos acheteurs plus souvent.

4,5. Enseignez-les aux autres.

LE MEILLEUR POUR LA FIN. Pourtant, UNE méthode permet d'identifier le risque et de conclure la transaction. Mais elle exige du doigté, que seules la préparation et la pratique régulière peuvent apporter.

Je l'ai baptisée: «Quel est le risque? Quel est le gain?» Lorsqu'un client hésite, demandez-lui simplement d'énumérer les risques liés à l'achat. Notez-les par écrit. Encouragez-le à en trouver d'autres. S'il dit: «Je ne suis pas sûr», demandez-lui: «Est-ce que cela pourrait être...?» Une fois la liste complète, demandez-lui d'énumérer les avantages. Notez-les et embellissez-les le plus possible sans exagérer.

Puis éliminez les risques un par un, en commençant vos phrases par : « Supposez qu'on puisse… Saviez-vous que… Je pense qu'il serait possible… » Ensuite, demandez simplement : « Voyez-vous d'autres raisons qui nous empêchent d'aller de l'avant ? »

> **Un à un, éliminez les risques que le client considère comme de graves erreurs dans son processus décisionnel. Ensuite, faites-lui comprendre les avantages, en termes émotionnels et logiques.**

Si le client est capable d'acheter le produit, en reconnaît le besoin et le veut, vous avez éliminé les risques et la récompense est à vous. C'est la commande.

ARRÊT OBLIGATOIRE

● **Le plus grand obstacle à la vente : le risque inexprimé perçu par l'acheteur.** Chaque mot, chaque geste du processus de vente est jugé par le client, et le jugement porte sur vous, sur votre produit ou sur votre service. Devrais-je acheter ou laisser tomber ? Est-ce que ce type me plaît ? Est-ce que je lui fais confiance ? Le client évalue plusieurs facteurs, dont le premier est le risque d'acheter par rapport aux avantages de l'acquisition. Le second, c'est l'évaluation du besoin en fonction de la valeur. Si les avantages sont élevés et que le risque est faible, que le besoin est élevé et la valeur aussi, l'affaire est presque conclue. Le hic, c'est que le client garde cette information pour lui. Il a toutes les cartes en main, mais ne révélera pas son jeu à moins que vous ne le lui demandiez. Vous devez le relancer pour voir son jeu. Or, une fois le jeu dévoilé, il a révélé le motif de son achat, et c'est l'information la plus importante que vous puissiez avoir pour réussir la vente. Aussi la plus difficile à obtenir. Poursuivez votre lecture...

● **Éliminez le risque et il achètera.** Si vous ne l'éliminez pas, il n'achètera pas, et vous ne saurez pas pourquoi. Vous devez donc lui demander, au même titre que vous lui demandez d'acheter. Quel est le risque, quel est le gain? Puis, quel est le besoin, quelle est la valeur? Une fois ces questions posées, vous obtiendrez des réponses plus honnêtes. Ce sont des questions d'un calibre plus élevé: elles commandent le respect et approfondissent la complicité. Et les réponses vous vaudront une vente. On poursuit...

● **À vendre sans risque, on gagne sans mérite.** Qui ne risque rien n'a rien, ne l'oubliez pas. Tout vendeur qui refuse de risquer devrait trouver un autre métier. Et le risque est multidimensionnel: le risque de la vente, de la prospection, des appels à l'improviste, de la concurrence, des suivis créatifs, du maintien du prix et de la réaction du client. Le risque, ou le facteur de risque dans la vente, imprègne tous les aspects du processus. Et les gens qui n'osent pas prendre de risques perdent habituellement aux mains de ceux qui osent. La vente exige du cran, et bien des vendeurs en manquent.

Sortez de votre zone de confort
pour tenter votre chance.
Vous vendrez plus que vous ne croyez.
C'est la formule gagnante.

Principe 11

LE DIRE SOI-MÊME, C'EST SE VANTER. LE FAIRE DIRE PAR LES AUTRES, C'EST UNE PREUVE

▸▸ Qui témoignera en votre nom ?
Vos clients, c't'affaire !

▸▸ Des clients satisfaits pour vous accompagner
à vos rendez-vous.

ARRÊT OBLIGATOIRE

● Qui vend mieux votre produit, vous
ou le témoignage d'un client satisfait ?

● Les témoignages, votre seule preuve.

● Le client, le membre le plus influent de votre
équipe.

● Il y a témoignage et témoignage.

« C'est un excellent témoignage pour notre gamme de produits, Théo ! On ne peut pas acheter ce type d'éloge, d'enthousiasme et de sincérité. Dites à votre mère que c'est très apprécié ! »

▸▸ Qui témoignera en votre nom ?
Vos clients, c't'affaire !

Les témoignages. La méthode la plus efficace pour vendre. Et aussi la ressource la plus gaspillée dans les messages de marketing.

Je lis toujours les témoignages avec grand intérêt, primo pour savoir ce qu'on dit, bien sûr, et deuzio, pour déterminer s'ils ont une incidence sur ma décision d'achat. Me poussent-ils à l'action ou me laissent-ils froid ?

> **Les témoignages font vendre**
> **lorsque les vendeurs n'y arrivent pas.**

Voici l'un des grands principes de vente de feu John Patterson : « La publicité amène la prise de conscience, les témoignages amènent les clients. » En d'autres mots, une publicité établit votre marque, mais un témoignage pousse à l'action, une action favorable pour vous.

Lorsque vous dites quelque chose à votre sujet, c'est de la vantardise. Mais lorsque les autres le disent, c'est une preuve. Voilà l'essence du témoignage.

Avant de poursuivre votre lecture, arrêtez-vous quelques instants pour examiner vos témoignages. Vous inciteraient-ils à prendre le téléphone pour passer une commande ? Ou rabâchent-ils les mêmes banalités : « Ce sont des gens merveilleux et, depuis 10 ans, c'est un plaisir toujours renouvelé de faire affaire avec eux. » Cet énoncé est bien gentil, mais passif, et ne donne absolument pas envie d'acheter.

Je vous donne un exemple.

Le grand Ty Boyd a fondé à Charlotte, en Caroline du Nord, l'une des meilleures écoles de techniques de présentation, l'institut Excellence in Speaking. Des milliers de gens s'inscrivent chaque année et sont enchantés de leur expérience. Ty aimerait faire une campagne promotionnelle reposant sur des témoignages, et voici ce qu'un participant lui a proposé :

« Wow ! Une expérience extraordinaire, qui a dépassé de loin mes attentes. Je n'ai jamais rien vu d'aussi bon que l'institut. »

Beaucoup trop général.

ALERTE ROUGE

« Le client m'a amené une objection que je n'ai pas réussi à réfuter. »

Pour être efficaces, les témoignages doivent communiquer un message précis. S'ils sont trop généraux, ils n'incitent pas à « agir maintenant ».

Voici des messages efficaces :

• J'ai surmonté ma peur de parler en public.

• J'ai amélioré mes compétences de 300 % en trois jours.

• La première fois que je me suis vu sur vidéo, je n'étais pas très bon (horrible en fait), mais je suis mille fois meilleur maintenant. Un programme du tonnerre, des résultats du tonnerre.

• Maintenant, je peux donner des présentations ET diriger une réunion.

- Désormais, mes employés m'écoutent.

- Avec l'amélioration de mes techniques oratoires, mon leader-ship a monté d'un cran.

- Mes techniques oratoires se sont améliorées de 100 %.

- Mon assurance, elle, s'est améliorée de 1 000 %.

- Fini le trac ! J'ai acquis des techniques pour la vie.

- Ne vous laissez pas arrêter par le prix. J'ai investi, et ça été payant !

NOTE : Il n'est pas important d'utiliser le nom d'une person-ne, sauf s'il s'agit d'une célébrité. Le nom d'une société pres-tigieuse est efficace – pas de nom, à moins que ce soit celui du PDG.

Que doit mentionner un témoignage écrit ?

Un témoignage écrit doit être formulé de manière à éliminer un risque ou à neutraliser une peur. Il doit mettre en relief une valeur ou une amélioration précise.

Il doit inciter à l'action. « Je faisais affaire avec un concurrent. Je suis passé à ABC, et vous devriez en faire autant. »

Il doit écarter une objection. « Je pensais que leur prix était trop élevé, mais je l'ai quand même acheté, ce qui m'a permis de constater qu'ils offraient la meilleure valeur. »

Il doit donner du poids à une affirmation. « Depuis, je suis plus productif et, surtout, plus rentable. »

Il faut soigner la finale « Facile à utiliser. Rapide. Maintenant, mes employés adorent faire des photocopies. »

Puis il y a le truc dont on ne parle jamais : comment obtenir un témoignage ? C'est la même chose que pour les indications de nouveau clients. On les mérite, à cette différence qu'avec les témoignages, il faut les mériter ET les demander.

Vous pouvez même vous permettre de souffler au client ce que vous aimeriez qu'il dise, POURVU que ce soit la vérité. La seule chose qui soit pire qu'un témoignage exagéré, c'est d'entendre un client dire, après avoir acheté votre produit, que le témoignage était loin de la vérité.

Les témoignages sont efficaces, je vous le garantis.

Et j'ajoute une mise en garde : il faut les utiliser correctement, sans quoi ils perdent toute valeur. Les vendeurs s'en servent souvent pour établir le contact avec un client. Si c'est le seul moyen, utilisez-le. Mais le témoignage prend toute sa valeur lorsque le client est prêt à décider. Ainsi, à la fin du cycle de vente, on apporte une preuve afin de dissiper un doute, atténuer un risque, fournir une valeur et préparer le terrain à la commande.

ALERTE ROUGE

« Je pense que le type ne me croit pas. »

AGIR MAINTENANT. Dressez la liste des 10 clients qui vous aiment le plus. Appelez-les sur-le-champ, dites-leur ce dont vous avez besoin et arrangez-vous pour les rencontrer (déjeuner, dîner, peu importe) afin de leur présenter une valeur (une idée, une piste) et mériter leur témoignage.

Si vous éprouvez de la gêne à leur demander ce service, c'est que vos rapports avec eux doivent être fragiles. Si fragiles que la concurrence pourrait vous soutirer vos clients.

Les témoignages démontrent que vous êtes la personne que vous dites être. L'absence de témoignage dit le contraire.

▸▸ Des clients satisfaits pour vous accompagner à vos rendez-vous.

Qui est le membre le plus influent de votre équipe de vente ? Un client satisfait.

Plus que toute autre personne dans votre entreprise, PDG compris, le client satisfait est le mieux placé pour vous vendre, vous vanter et prouver votre valeur. Il est votre témoignage vivant, la preuve que votre produit ou service est dans une classe à part.

Voulez-vous que vos meilleurs clients vous accompagnent à votre prochain rendez-vous ? C'est possible, si vous les enregistrez sur vidéo. Trop beau pour être vrai, dites-vous ? Il y a un bémol, en effet : la vidéo doit être de qualité. Elle doit refléter votre image et raconter votre histoire avec éloquence. Une vidéo qui va droit au but, et avec style.

« Nous sensibilisons nos clients potentiels au thème et à l'objectif sous-jacents de l'utilisation d'une vidéo dans une présentation de vente : "Que voulez-vous qu'il se produise lorsque vous retirez le DVD du lecteur ?" », demande Tim Butler, vice-président et directeur des ventes de Sunbelt Video à Charlotte. « La réponse à cette question est la clé d'une vidéo réussie. »

« Trop d'entreprises ignorent tout des éléments à la base d'une vidéo réussie ou font des vidéos pour les mauvaises raisons, poursuit Butler. La vidéo conduit à la vente, mais c'est au vendeur de la conclure. Une transition en douceur doit s'opérer entre la fin de la vidéo et la prochaine étape du cycle de vente. Le succès de notre boîte vient de ce que nous faisons des vidéos qui visent un objectif prédéterminé. »

ALERTE ROUGE

« Je n'ai pas réussi à lui montrer les applications de mon produit. »

« C'est comme si on y était », dit l'expression populaire. Mais dans le cas de la vidéo de vente, c'est la meilleure façon d'y être. Voici pourquoi : les vidéos n'oublient pas, ne se lèvent pas du mauvais pied et sollicitent toujours la vente (si vous leur dites). MAIS il reste que ce sont des messages et que le messager, c'est le vendeur. Les deux doivent collaborer pour obtenir les meilleurs résultats.

Conseils choisis pour la réalisation d'une vidéo :

- **Ne lésinez pas sur la qualité.** Dépensez l'argent pour que le produit soit à la hauteur.

- **La vidéo reflétera ce que vous y mettrez.** À vous de choisir le message à communiquer.

- **En dire le moins pour en faire entendre le plus.** La durée idéale est de 5 à 8 minutes.

- **Avant de commencer, visionnez les vidéos des autres.** Faites-vous une idée de ce que vous voulez et ne voulez pas.

- **Faites une vidéo vivante.** Soyez décontracté et animé.

- **Sélectionnez d'avance les segments de vente que vous voulez inclure.** Écrivez votre scénario avant de commencer.

- **Et le dernier mais non le moindre.** Ce qu'on dit de vous est mille fois plus fort que ce que vous dites à votre sujet. Laissez aux clients satisfaits le soin de raconter votre histoire.

« Une image vaut mille mots », dit-on aussi. Adapté au XXIe siècle, ce dicton devient : « Une vidéo vaut mille ventes. »

ALLEZ, ON SE BOUGE !

« Votre client peut réfuter les objections, dissiper les hésitations, expliquer en quoi le produit favorisera la rentabilité. Bref, le client est un meilleur vendeur que vous. »

Quelle est la valeur d'une vidéo? Posez-vous les questions suivantes, et la réponse viendra d'elle-même.

1. Quelle valeur accordez-vous à votre image?

2. Quelle valeur accordez-vous à un nouveau client?

3. Quelle valeur accordez-vous à un message de vente cohérent?

4. Quelle valeur accordez-vous à une équipe de vente bien formée?

Je connais des gens qui discutent budget pour déterminer s'ils doivent avoir une vidéo ou non. Quel dommage. Une bande de gestionnaires qui essaient de dicter l'avenir de l'entreprise, mais omettent un outil vital qui leur assurera le succès. C'est un peu comme vouloir acheter un gros yacht mais sans le moteur, qui coûte trop cher. Franchement! Si la vidéo n'est pas prévue au budget, tassez les petits comptables dans un coin ou mettez-les à la porte, réduisez votre propre salaire ou endettez-vous. Ça vaut la peine à ce point-là!

Amenez votre meilleur client, sur vidéo, à votre prochain rendez-vous.

SUR UNE NOTE PLUS PERSONNELLE : J'ai réalisé ma première vidéo il y a deux ans. Elle m'a coûté plus d'argent que je n'en avais. Depuis ce temps, elle m'a aidé à faire plus de ventes que je ne peux en compter. Cette année, j'en prépare une nouvelle, et je dépenserai quatre fois plus de sous que pour la première, que je n'avais pas les moyens de me payer. Et cette année (grâce à la première vidéo), j'en ai les moyens.

ARRÊT OBLIGATOIRE

● **Qui vend mieux votre produit, vous ou le témoignage d'un client satisfait?** Vous n'êtes même pas dans la course. Votre client peut vendre cent fois mieux que vous. Et même si vous le savez intuitivement, vous croyez toujours qu'il est nécessaire de *vendre* et d'*éduquer* le client. Rien de plus convaincant qu'un client qui vous apprécie, disant à un autre client jonglant avec l'idée de faire affaire avec vous de LE FAIRE! Qui allez-vous croire, votre voisin qui vient d'acheter la voiture que vous voulez ou un vendeur? Le voisin, évidemment. *Idem* pour vos ventes!

● **Les témoignages, votre seule preuve.** « Si c'est vous qui le dites, c'est de la vantardise. Si c'est quelqu'un d'autre, c'est une PREUVE » est mon mantra depuis des années. Sachant cela, on pourrait croire que TOUS les vendeurs et TOUTES les entreprises utiliseraient des témoignages pour appuyer leur message. Mais non. LA plus grande aberration que j'ai jamais vue.

● **Le client, le membre le plus influent de votre équipe.** Alors, pourquoi ne pas amener votre client à votre prochain rendez-vous? Il réussira mieux que vous à conclure la transaction. Beaucoup mieux. Votre client, votre chat ET vos enfants peuvent vendre mieux que vous. Vous êtes le PIRE vendeur de votre équipe.

● **Il y a témoignage et témoignage.** La plupart des vendeurs veulent un témoignage à tout prix, mais se retrouvent avec un mauvais produit, c'est-à-dire un témoignage qui passe à côté de l'élément indispensable de la vente : les motivations d'achat.

En demandant au client
de vous révéler les raisons pour
lesquelles il achète de vous,
vous réussirez à conclure des centaines
d'autres ventes du même genre.
Les motivations d'achat sont mille
fois plus importantes que
les techniques de vente.
Dix mille fois même.

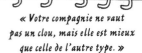

« *Votre compagnie ne vaut pas un clou, mais elle est mieux que celle de l'autre type.* »

« *On a viré mon patron parce qu'il faisait affaire avec vous, et c'est moi qui le remplace maintenant. Merci!!!!* »

« *Vos représentants se font éconduire à tout bout de champ, et n'insistent même pas.* »

« *Ce sont les meilleurs témoignages qu'on a pu recueillir.* »

Que disent vos clients à votre sujet ?

Principe 12

LES INDISPENSABLES ANTENNES

▸▸ Savoir utiliser son sixième sens,
le sens de la vente.

 **OBLIGATOIRE**

● Sur quel facteur vous concentrez-vous ? Sur quoi
porte votre attention ?

● À l'écoute de vos antennes.

● Une présence de tous les instants.

● Une histoire vraie : la toilette des hommes
à l'aéroport La Guardia.

● Une histoire vraie : en route vers Dallas.

« Je suis la fée des ventes, et je vous accorde trois vœux…
travailler comme un malade, travailler comme un malade
et travailler comme un malade. »

▸▸ Savoir utiliser son sixième sens, le sens de la vente.

Comment vendez-vous ? Beaucoup n'ont pas de formation et s'en remettent à leur instinct. Tant mieux pour eux ! J'espère seulement qu'ils ne décideront pas de changer de voie pour se lancer dans la neurochirurgie.

L'idée, c'est de porter attention à vos *sens internes,* ou si vous aimez mieux, à vos sentiments intérieurs. Si vous maîtrisez ces sentiments ET que, de ces sentiments, ceux qui dominent expriment votre esprit positif, vous pourrez faire des ventes, beaucoup de ventes. Reste à savoir si vous dégagez des ondes positives ou négatives.

D'où viennent vos sentiments ? L'esprit contrôle les sentiments qui vous orientent vers le succès. Les sentiments positifs entraînent des résultats positifs. Rien de bien compliqué là-dedans.

Les six sentiments positifs de la vente :

1. **La confiance en soi.** C'est votre allure générale, qui vient de votre préparation et de vos réalisations antérieures. La confiance en soi a ceci de merveilleux qu'elle est contagieuse. Vous pouvez la transmettre à votre client. (Attention de ne pas la confondre avec sa méchante cousine, l'arrogance.)

2. **Le plaisir anticipé.** Tout le monde a lu le meilleur livre sur ce sujet avant l'âge de cinq ans, *The Little Train That Could.* Je pense que je peux, je pense que je peux. Penser qu'on peut compte pour 50 % du résultat (penser qu'on ne peut pas aussi).

3. **La détermination.** L'importance de tenir bon, peu importe les circonstances. La détermination, c'est de se faire dire «non» par le client, mais d'entendre «non pour le moment».

4. **L'accomplissement.** Tout le monde s'efforce de réaliser ses objectifs, consciemment ou non. Le sens de l'accomplissement se développe en repensant à la satisfaction éprouvée lors de la dernière vente réussie. Vous vous sentiez bien, n'est-ce pas?

5. **La victoire.** Tout le monde veut gagner, mais peu gagnent réellement. Pour être vainqueur, la volonté de se préparer doit l'emporter sur la volonté de gagner.

6. **Le succès.** C'est le plus difficile à maîtriser, car il faut le pressentir avant de le connaître vraiment. Il procure la tranquillité d'esprit, l'assurance de pouvoir réussir, ainsi que le sens de la direction à suivre et de sa raison d'être.

Assez facile jusqu'ici. Mais ça se corse. Inconsciemment, l'esprit abrite des éléments négatifs qui se manifestent dans le processus de vente. Les voici:

1. La peur

2. La nervosité

3. Le rejet

4. La procrastination

5. La rationalisation

6. Le doute de soi

7. L'incertitude

8. Le destin

8,5. La malchance

Méfiez-vous de ces sentiments négatifs ; ils vous paralyseront et feront obstacle au succès (la vente).

Les sentiments négatifs inhibent votre capacité à focaliser sur les sentiments positifs, ceux qui favorisent la créativité essentielle au succès. Pour s'en débarrasser, le mieux c'est de leur opposer des pensées positives (c'est-à-dire cesser de se plaindre et de blâmer les autres).

Il n'est pas facile de faire pencher la balance du côté des sentiments positifs. Vous devez simultanément chasser les sentiments négatifs et canaliser votre énergie sur les sentiments positifs. Il vous faut donc contrôler les mécanismes de votre pensée. Ça paraît simple, mais ce ne l'est pas, et c'est pourquoi si peu connaissent la réussite totale.

Les choses se compliquent aussi du fait que vous n'êtes pas le seul à éprouver des sentiments. Le client aussi est un être doué de sensibilité. Et il peut deviner intuitivement vos sentiments, surtout vos sentiments négatifs. Si votre présentation respire la peur ou le doute, le client le sentira. Résultat : il sera nerveux en votre présence, et sa capacité de comprendre votre message en souffrira.

Mais la bonne nouvelle, c'est que vous avez le plein contrôle des sentiments qui entrent dans le processus de vente. Vous pouvez convertir les sentiments négatifs en sentiments positifs en reconnaissant l'importance de l'apprentissage à vie et de l'adoption d'une attitude positive. Au fil de vos apprentissages, vous serez amené à faire des gestes positifs.

Earl Nightingale, dans sa présentation légendaire (*The Strangest Secret)*, dit que l'on devient ce à quoi l'on pense. Jamais paroles plus vraies n'ont été prononcées. Mais le secret ultime, c'est la discipline quotidienne. Respectez-vous votre discipline tous les jours ?

L'aspect le plus intéressant de la présentation de Nightingale, c'est qu'elle montre comment transformer les pensées négatives en pensées constructives, grâce au sens le plus fort de tous, le bon sens.

ARRÊT OBLIGATOIRE

● **Sur quel facteur vous concentrez-vous ? Sur quoi porte votre attention ?** « Marcel, fais attention, veux-tu ! » Je suis sûr que vous avez entendu ces mots des centaines de fois dans votre enfance. Vous pensiez qu'on vous grondait. En fait, vos parents vous enseignaient l'une des grandes leçons de la vie : prêter attention. Rendu à l'âge adulte, vous n'avez toujours pas compris. Votre attention est davantage tournée vers vous que vers le monde qui vous entoure. Lorsque vous êtes centré sur vous (de quoi ai-je l'air, qu'est-ce que les autres pensent de moi, etc.), vous détournez votre attention du succès. Votre point de mire doit être votre objectif, et non votre personne ; sinon, vous raterez les occasions qui se présentent tout autour de vous. Votre énergie se dissipera. Tout le monde vous dira de canaliser votre attention, mais peu vous diront COMMENT le faire. Essentiellement, c'est une question de qualité de présence, de conscience de l'environnement, des gens autour de soi. C'est simple en apparence, mais ça veut dire de remplacer les attitudes égocentriques et anxieuses par des attitudes d'ouverture et de confiance en soi. Je vous donne quelques exemples.

● **À l'écoute de vos antennes.** Mon mentor et ami Earl Pertnoy me répète ces paroles depuis un quart de siècle. Peu importe où que vous soyez – à la toilette, à l'aéroport, dans le lobby de l'hôtel, au lave-auto, dans l'ascenseur, au restaurant –, toutes les occasions sont bonnes pour faire des contacts si vous êtes alerte. Suivez le conseil d'Earl, comme je le fais moi-même, et vous décrocherez l'indication de client ou le contrat que vous n'attendiez pas.

● **Une présence de tous les instants.** Il s'agit d'abord d'être conscient de son environnement immédiat. Si vous cherchez à devenir un vendeur performant, vous devrez consacrer une bonne partie de vos efforts à comprendre et à exploiter trois choses : l'endroit où vous êtes, les gens que vous rencontrez et ce que vous dites. Dans un événement, votre tâche consiste à être à l'écoute de vos antennes jusqu'à ce qu'elles vous mènent aux principaux joueurs, coûte que coûte. Peu importe s'il vous faut demander où se trouvent les gros bonnets, lire l'étiquette porte-nom de tous les participants, rester jusqu'à la fin de l'événement ou attendre que la personne à qui vous voulez parler termine une conversation. Or, si vous êtes en train de boire un verre, de jaser avec des amis ou de remplir votre assiette, vos antennes sont probablement éteintes. Vous allez donc perdre aux mains d'un vendeur qui est attentif à ce qui se passe.

● **Une histoire vraie : la toilette des hommes à l'aéroport La Guardia.** En sortant de l'avion, je me suis dirigé vers les toilettes et, à l'aéroport La Guardia, les urinoirs sont nombreux. Aux toilettes, les hommes ne parlent pas, ils urinent, se lavent les mains et sortent. En jetant un coup d'œil à mon voisin, j'ai reconnu Hal Linden (le comédien qui a joué Barney Miller) et je lui ai dit (pendant que nous urinions) : « Le grand égalisateur des hommes. » Il a éclaté de rire et a failli mouiller ses chaussures, des Hush Puppies, en passant. « Allez-vous en ville ? » lui ai-je demandé. « Ouais », qu'il a répondu. Je lui ai demandé s'il voulait partager un taxi, et nous sommes entrés en ville en passant par le quartier Astoria de Queen's, où vivait Archie Bunker et où se trouvait le poste de police de Barney Miller. Ce fut très agréable. À destination, il a réglé toute la course. Mes antennes étaient en action. J'ai eu le cran de lui parler et j'ai gagné. Ai-je gagné gros ? Pas vraiment, mais je me suis amusé. Il ne s'agit pas toujours de remporter le gros lot, mais d'avoir du bon temps et de s'exercer à tirer parti des circonstances. Mes antennes sont toujours frémissantes et je n'hésite jamais à exploiter l'occasion lorsqu'elle se présente. Vous devriez en faire autant.

● **Une histoire vraie : en route vers Dallas.** L'autre jour, je volais de Buffalo à Dallas et, comme d'habitude, j'avais mes antennes. À mes côtés se trouvait le célèbre quart arrière Jim Kelly. Nous avons jasé un peu, mais je voulais éviter à tout prix de lui parler du Superbowl. J'ai donc commencé à lui raconter que j'étais auteur et conférencier, et que j'avais participé au même programme que lui à quelques reprises. J'avais même deux ballons autographiés de sa main. Il a souri. « En tant que conférencier et auteur à succès, je peux vous donner mon autographe. » J'ai donc signé ma carte d'embarquement et je la lui ai remise. Comme il avait l'air un peu étonné, je lui ai dit au bout de 30 secondes que je n'avais aucune objection à ce qu'il signe sa carte d'embarquement et me la donne. Il a ri de bon cœur, a signé sa carte et m'a remis les deux cartes. C'était sympa.

Canaliser son énergie et se vendre ne sont pas des tactiques de vendeur, et c'est important de bien le comprendre. La vente n'est pas une question de techniques, mais de présence et d'interaction créative. Et la seule façon d'apprendre à être présent et créatif, c'est d'y travailler.

Antennes allumées ?
Toujours !

Principe 12,5

DIRE ADIEU AU POSTE DE DIRECTEUR GÉNÉRAL DE L'UNIVERS

« Je sais que tout le monde est détraqué, sauf moi. »

Vous avez maintenant en main tous les principes nécessaires pour devenir un vendeur performant. Vous vous êtes botté le derrière, vous êtes prêt à gagner, vous avez établi votre marque, vous vendez de la valeur, vous rencontrez vos clients en personne, vous parlez au décideur, vous suscitez l'intérêt, vous êtes drôle, vous êtes créatif, vous avez éliminé les risques liés à l'achat, vous utilisez des témoignages pour conclure la vente et vous êtes à l'écoute de vos antennes.

Mais il manque quelque chose pour lier la sauce. Vous devez trouver le moyen de vous approprier les principes et de les perfectionner.

La première chose à faire, c'est de triompher de vous-même. La plupart des gens sont accaparés par les problèmes des autres. Bill Clinton a-t-il menti? O.J. Simpson l'a-t-il tuée? Britney Spears s'en sortira-t-elle? Roger Clemens a-t-il pris des stéroïdes? Mais on s'en fout! En quoi ces histoires vous concernent-elles? En rien, voilà le fin mot de l'histoire. Mais ça ne vous empêchera pas de consacrer des centaines d'heures à vous intéresser à ces niaiseries, au détriment de votre carrière et de votre succès. Revenons à des choses qui vous concernent de plus près.

Vous avez un patron, une équipe de vendeurs, des clients, des fournisseurs, des amis, et tous ont leur propre vie, avec des joies et des difficultés.

Ne vous en mêlez pas.

Chaque fois que vous mettez le nez dans les affaires des autres, vous risquez 3,5 choses :

1. Ajouter aux lamentations, qui contribueront à faire perdurer la situation.

2. Donner de mauvais conseils.

3. Perdre votre temps, au lieu d'apprendre, de vendre et de faire de l'argent.

3,5. Recevoir un coup de poing en plein visage.

Si vous mettiez bout à bout les heures passées à vous mêler de choses qui ne vous regardent pas ou que vous ne pouvez changer (actualités, reprises à la télé et autres bêtises), vous auriez pu pendant ce temps devenir le plus grand vendeur du monde, un chroniqueur bien en vue, un auteur à succès, etc. Mais non, vous préférez glandouiller, croyant être le sauveur de l'humanité alors qu'en fait, c'est plutôt le contraire. Sauvez votre peau d'abord.

ALERTE ROUGE

« Tout le monde a des cadavres dans le placard, sauf moi. »

Lorsque vous aurez établi votre discipline personnelle, maîtrisé l'art de la vente, adopté une attitude positive à vie, perfectionné vos talents de présentateur, fait le ménage dans vos finances, dans votre vie familiale et dans votre vie personnelle, vous pourrez alors songer à mettre le nez dans les affaires d'autrui.

C'est un peu brutal, dit comme ça à la fin d'un livre où l'on voudrait que les héros vivent heureux pendant de longues années, dans un monde tout bien ficelé.

Mais ce n'est pas ce que je veux.

Ce que je veux, c'est vous renvoyer au début du livre et vous donner dans ce dernier chapitre la motivation voulue pour mettre en œuvre le premier principe : se botter le derrière. C'est un cycle, un cycle de vente, votre cycle de vente.

En 1972, lorsque les jumelles sont nées, mon mariage allait à la dérive, j'étais sans le sou et, jour après jour, j'étudiais l'attitude positive. Puis j'ai vu cette phrase : *Démissionnez de votre poste de directeur général de l'univers.* J'ai cherché à en retrouver l'origine, en vain. J'aurais aimé pouvoir vous dire que cette phrase est de moi, mais ce n'est pas le cas. Je peux vous dire toutefois que cette philosophie a été la pierre angulaire de mon succès. Et je l'ai gardée pour la fin parce que ça ne tombe pas sous le sens.

Personne ne peut s'empêcher de vouloir diriger l'univers. Même moi. La différence entre vous et moi, par contre, c'est que je le fais moins souvent. Comme je réussis si bien dans la vente, les gens croient que je réussis tout aussi bien dans la vie et viennent me demander conseil. Je m'en tiens à deux choses : je leur parle de mon expérience personnelle et je leur dis d'obtenir une aide professionnelle. Je ne suis pas un psychologue, encore moins un psychiatre. Je ne suis absolument pas un conseiller matrimonial. Je suis un vendeur et un père de famille (mais pas dans cet ordre).

On me pose souvent de grandes questions. « Comment dois-je orienter ma carrière ? Devrais-je changer de métier ? Quel type de poste devrais-je accepter ? » Ce sont des choix de vie. Je ne vais pas donner de conseils précis à qui que ce soit. D'abord, ça déresponsabilise et ensuite, je ne tiens pas à imposer ma volonté. Je suis convaincant et j'ai de l'influence auprès de beaucoup de gens. J'abuserai donc de mon pouvoir. Je donne à ces gens les mêmes conseils qu'à vous : trouvez une chose que vous aimez, en laquelle vous croyez, trouvez un environnement qui est agréable et des gens que vous respectez, puis faites le grand saut.

ALERTE ROUGE

« Je suis entouré de gens qui ont une vie misérable... »

Voilà la plus grande incursion que je me permets dans l'univers d'autrui. Et vous devez faire comme moi si vous voulez connaître le succès professionnel.

Je vous demande de démissionner parce que vous êtes déjà mêlé à une foule de choses auxquelles vous ne pouvez rien changer, sinon être blâmé d'y avoir mis votre grain de sel. Détalez au plus vite, verrouillez la porte, allumez la lampe, prenez un livre et un marqueur, puis commencez à lire.

Si vous prenez pour vous le temps que vous consacrez aux affaires des autres, en moins de cinq ans, vous serez le roi de votre univers. Lorsque vous aurez atteint le stade royal, vous pourrez recommencer à vous entourer de votre cour. Mais je parie que ça ne vous tentera plus tellement.

Cette démission est la meilleure chose à faire pour racheter le temps qui vous manque, selon vous, et vous donner une nouvelle chance de vous hisser à un sommet dont vous n'avez fait que rêver jusqu'à maintenant, sans jamais l'atteindre.

ALLEZ, ON SE BOUGE !

« Me voilà enfin débarrassée de tout ce qui est rattaché au mot misérable, les gens y compris. Maintenant, je vais essayer de rendre ma vie parfaite (et ce n'est pas demain la veille que j'y arriverai). »

La seconde où vous décidez de démissionner, c'est aussi la seconde où vous choisissez un chemin plus calme vers le succès personnel.

À vous de choisir !

**Moins vous passerez de temps
dans les affaires, les problèmes
et les drames des autres, plus vous
en aurez pour travailler à votre succès.**

– Jeffrey Gitomer

Encore quelques formules ROUGES pour réussir...

Après avoir lu les principes, il y a encore quelques trucs à *comprendre* pour bien les maîtriser. Dans les pages qui suivent, vous aurez une idée plus claire de ce que vous, le vendeur, devez faire pour changer les principes en argent.

Poursuivez votre lecture...

Je pense que je peux. Je pense que je peux.

Je pensais que je pouvais. Je pensais que je pouvais.

Le petit vendeur qui pouvait.

Une histoire. Une philosophie. Une stratégie. Une formule. Une victoire. Une GRANDE victoire.

J'ai fêté plus de 50 anniversaires et j'avoue qu'ils ne sont plus aussi excitants que jadis. Cependant, ils sont plus stimulants et me portent à réfléchir davantage. D'année en année, ils deviennent plus intenses, comme si, devinant la fin qui approche à petits pas (même si elle est encore loin), je m'enflammais.

J'ai commencé à penser aux livres que j'ai aimés. Depuis plus d'un demi-siècle, il y en a un que je préfère par-dessus tout : *The Little Engine That Could*. C'est l'histoire d'une locomotive qui essaie de gravir une pente. D'autres l'ont découragée, mais elle était entourée d'assez de sympathisants pour se rendre à destination, se répétant cette phrase intemporelle : «Je pense que je peux, je pense que je peux.»

Puis, tout naturellement, mes pensées se sont tournées vers la vente. Et pourquoi ne pas faire renaître ce classique des années 1930 avec ma version du *Petit vendeur qui pouvait* ? Et de cette pensée fantaisiste est né un séminaire que j'ai donné à la Charlotte Home Builders Association.

Je vais faire de mon mieux pour recréer les grandes lignes du séminaire. Je pense que je peux.

Pour que le vendeur puisse gravir la montagne, il doit posséder les mêmes qualités que cette locomotive vieille de 73 ans. Et veuillez retenir que, pour chaque petite locomotive qui a réussi, il y en a des centaines qui n'ont pas réussi.

Il est intéressant tout de même de noter que personne n'a songé à écrire un livre sur la petite locomotive qui ne pouvait pas. Intéressant aussi de constater que l'auteur, Watty Piper, a eu la bonne idée de créer une héroïne plutôt qu'un héros.

Je vous invite donc à réfléchir aux éléments suivants et à faire votre propre évaluation. Ces éléments n'ont rien à voir avec le *comment* de la vente, mais plutôt avec le *pourquoi moi* du développement personnel. Il ne s'agit pas de «vendre maintenant», mais de «vendre une fois pour toutes». Il ne s'agit pas non plus de commission, mais de richesse. Pas seulement la richesse matérielle, mais aussi la richesse intellectuelle.

1. **Votre système de croyances.** Le thème du livre est aussi le thème de la réussite : croire qu'on peut réaliser ce qui nous tient à cœur. Vous devez croire que vous travaillez pour la meilleure compagnie du monde, que vous offrez les meilleurs produits et services du monde, et que vous êtes la meilleure personne du monde, sinon vous êtes à la mauvaise place. Plus vous croirez en vous, plus votre succès sera grand.

2. **Conviction et passion, un couple inséparable.** La médiocrité s'explique davantage par un manque de confiance que par un manque de compétence. Dans la présentation du vendeur, la passion est la valeur intangible qui communique le message. La passion du vendeur suscite le désir d'acheter chez

le client et s'adresse autant au cœur qu'à la tête. Elle convertit la vente en achat. (Les gens n'aiment pas qu'on leur vende quelque chose, mais ils adorent acheter.) Il se produit un transfert émotionnel qui peut être rationalisé par la suite.

3. **L'attitude affirmative, OUI m'sieur!** «Je pense que je peux» est une pensée affirmative, pas seulement positive. C'est une détermination positive, doublée d'un résultat anticipé positif. C'est plus que de la détermination. C'est l'affirmation d'un possible et d'un résultat positif. N'oubliez pas ce que disait Earl Nightingale dans *The Strangest Secret*: «On devient ce à quoi on pense à longueur de journée.» Pensez donc que vous pouvez.

4. **Investir son temps dans les choses qui contribueront au succès.** Combien d'heures par jour consacrez-vous à des activités n'ayant aucun rapport avec le succès? Des émissions en reprise, les actualités deux fois par jour, les problèmes des autres. Que pourriez-vous accomplir si vous investissiez la moitié de ce temps à réfléchir à la manière de surmonter votre plus grand obstacle ou à exploiter votre plus belle occasion d'affaires? Supposez que vous décidiez de devenir un expert dans l'établissement de relations. En y consacrant une heure par jour, vous serez un expert de calibre mondial dans cinq ans. Ou vous pouvez regarder les reprises de *ER* pendant cette heure et devenir un expert de la série. C'est une question de choix, le vôtre et celui des gens qui iront plus loin que vous. Pensez-vous pouvoir regarder un peu moins de télé?

5. **Mettre par écrit ses pensées, ses stratégies, ses idées.**
Si l'on me demandait quelle est LA chose qui a le plus
contribué à mon succès, je répondrais sans hésiter
l'écriture. Dans un mois, j'entreprendrai la treizième
année de ma chronique. Le terme succès n'est pas
assez fort pour décrire ce que la discipline de l'écriture
a apporté à ma carrière, à ma réussite, à mon
épanouissement personnel et à mon héritage. Et
j'ajoute que je n'avais jamais eu l'intention de devenir
«un auteur». Je ne faisais que clarifier mes pensées
concernant mes stratégies, ma philosophie, mes
méthodes de vente, et puis je les ai publiées. Je n'ai
jamais écrit de livre, juste une chronique. Pourtant,
cette chronique a donné naissance à trois ouvrages.
Si vous ne voulez croire qu'UNE CHOSE que je
vous dis, croyez que l'écriture vous mènera où vous
voudrez aller. Pensez que vous pouvez écrire.

6. **Suivre un cours de rédaction.** En apprenant à écrire,
vous apprendrez à donner à vos idées une formulation
claire et concise. Personnellement, j'ai constaté que
plus j'écris, plus les idées me viennent et plus elles
sont claires. La plupart des gens se croient incapables
d'écrire ou estiment mal écrire. Trop facile. Étudiez
l'écriture. Lisez un auteur dont vous aimez le style.
Notez vos réflexions par écrit. Suivez un cours de
rédaction. Puis commencez à peaufiner votre
technique ou votre style. Quand j'ai commencé à
écrire, je me trouvais assez bon. Je viens juste de relire
mes 10 premières chroniques. Elles sont plutôt
mauvaises. Mais je pensais que je pouvais. Je l'ai fait,
j'ai appris et je me suis amélioré.

À NOTER : J'aimerais trouver un moyen d'expliquer le pouvoir de l'écriture. Je peux seulement répéter avec insistance que toute la bonne fortune professionnelle qui a croisé mon chemin depuis 13 ans a été liée à l'écriture, d'une façon ou d'une autre.

7. **Suivre un cours dans un domaine que vous aimez.** En perfectionnant vos connaissances dans un domaine que vous aimez, vous cultiverez une attitude favorable par rapport à l'apprentissage et au sens de l'accomplissement. Les choses que vous aimez faire, vous les faites avec passion. La réunion des trois éléments que sont l'apprentissage, le sens de l'accomplissement et la passion fera de vous un expert dans ce que vous pensez pouvoir faire.

8. **Devenir un internaute calé au point d'en montrer aux ados.** De nombreux adultes professionnels sont des analphabètes fonctionnels de l'ordinateur. Si vous n'avez pas votre propre site Web ni d'adresse de courriel et que vous ne vous branchez pas tous les jours, mais croyez tout de même faire partie du monde des affaires, détrompez-vous. Les gens qui n'ont pas grandi à l'ère de l'informatique sont peut-être déphasés. C'est correct. Au même titre que les sceptiques pour qui l'automobile n'était pas là pour durer et, avant eux, ceux qui considéraient la radio comme une invention stupide. Et sans oublier ce type qui, dans son infinie sagesse, pensait que le marché n'allait pouvoir absorber plus de deux douzaines d'ordinateurs portatifs (après une étude poussée) ; il doit aujourd'hui travailler comme serveur dans un boui-boui. Si vous êtes à la croisée des chemins, entre

Internet et l'informatique, je vous implore de penser que vous pouvez. Les ordinateurs sont bon marché et l'accès Internet ne coûte presque rien. Ces deux outils du XXIᵉ siècle sont non seulement amusants, mais vous ouvrent les portes de la gloire, de la fortune, de la liberté financière et de la réussite.

9. **Clarifier d'abord ses idées en public.** Tout en se faisant connaître comme une personne qui a de la valeur. Après avoir commencé à écrire, les gens se sont mis à m'appeler et à me demander de donner une présentation devant leur association (Rotary, Kiwanis). Ça m'a donné l'occasion d'exprimer et d'entendre mes pensées. Parler, tout comme écrire, est un obstacle à l'entrée dans le monde du succès. Plutôt que de suivre un cours pour apprendre à parler en public, vous n'avez qu'à vous inscrire aux Toastmasters. Vous aurez des occasions de parler dès la première rencontre (toastmasters.org). Parler en public éveille la peur chez qui n'est pas préparé. Mais parler vous donnera l'étoffe d'un meneur et d'un penseur dans votre collectivité ou dans votre domaine.

À NOTER : Si vous écrivez vos réflexions, parler devient infiniment plus simple. Une fois la crainte passée, ce n'est pas seulement amusant, c'est aussi profitable. Et c'est un accès direct à quiconque se trouve dans la salle (et à son portefeuille). Si on vous a aimé, on voudra sans doute payer pour vous revoir.

10. **Publier quelque chose.** Ma chronique, ce sont mes conseils publiés par quelqu'un d'autre. Être publié confère de l'authenticité. L'écrit est digne de foi et on le tient habituellement pour crédible (exception faite des canulars et grossières erreurs). Être publié veut aussi dire que quelqu'un juge vos réflexions assez valables pour les faire lire à d'autres. On reconnaît que votre pensée est claire et vos idées sensées. C'est l'un des aboutissement du « je pense que je peux ; je pensais que je pouvais ».

10,5. **Donner de la valeur d'abord.** Voilà une philosophie apprise par accident et transformée depuis en stratégie qui a fait la différence entre la manière dont les autres « vendent » et ma façon de créer une atmosphère propice à « l'achat ». La stratégie est simple (un autre accident) : je me présente devant des gens en position de dire oui et je leur offre d'abord une valeur. L'expression galvaudée et sans fondement qu'est la « valeur ajoutée » suppose qu'on doive acheter pour recevoir une quelconque valeur. On dit que c'est un incitatif mais, pour ma part, je crois plutôt que c'est une connerie intéressée ou une vile supplication.

Ma stratégie consiste à offrir une information valable à mes acheteurs les plus prometteurs, de manière à leur être utile, à me faire connaître d'eux, à les amener à me respecter et à m'appeler lorsqu'ils seront prêts à acheter. Ce n'est pas une théorie, mais bel et bien une stratégie qui fonctionne depuis 13 ans. Cette stratégie, il est important de le préciser, n'est pas le « je pense que je peux », mais plutôt le résultat de tous les autres « je pense que je peux ». C'est le « je pensais que je pouvais », une relation de cause à effet plutôt qu'une idée préconçue.

Voilà la formule. Vous pensez pouvoir ? Ou vous pensez que ça représente trop de travail ? Suivez mon conseil : ne préjugez de rien et allez acheter *The Little Engine That Could* (si vos enfants ne l'ont pas déjà). C'est un moyen facile d'amorcer votre réflexion. Ça peut paraître simpliste, naïf même, mais pas plus que tout autre livre de développement personnel. Naïf, mais vrai.

Voilà le cadeau que je vous offre pour mon anniversaire, et je l'accompagne d'un vœu. Je vous souhaite de lire ces lignes trois ou quatre fois, et de faire un geste qui vous mettra d'une manière ou d'une autre sur la voie de l'accomplissement de soi et du succès.

Si vous me connaissiez, vous sauriez qu'il m'arrive très rarement de souhaiter quoi que ce soit. Peut-être parce que je crois que les souhaits sont un pauvre substitut au travail. Je peux souhaiter tout ce que je veux, mais c'est à vous de travailler. Et ce que j'en pense ? Je pense que vous pouvez, quoi d'autre ?

Les deux mots les plus importants de la vente... deux mots qui définissent les ventes... vos ventes

Devinez-vous ? L'argent, les clients, le suivi ? Non. Ce sont là des mots qui se rapportent à la vente. Je parle de mots qui conduisent aux ventes. Je vous donne un indice : deux mots indépendants.

Vous donnez votre langue au chat ? Le premier mot : *vous*. La plupart des vendeurs croient que les clients achètent leurs produits et services d'abord. C'est faux. La première chose qu'ils achètent, c'est le vendeur. La première chose que vous vendez, c'est vous.

Pour que la vente devienne réalité, le client doit d'abord faire confiance à la personne qui communique le message. Cela est malheureusement plus évident lorsque le *vous* n'est pas à la hauteur. Avez-vous déjà laissé un vendeur de voitures en plan parce qu'il était trop insistant ou, pire, parce qu'il vous avait insulté ? Pour ensuite aller acheter la même voiture chez un autre concessionnaire parce que le vendeur avait été gentil avec vous ? Vous avez acheté le vendeur, et non la voiture.

Vous est-il déjà arrivé d'être reçu par un vendeur ou un serveur cavalier, et de quitter sans acheter ? Non seulement êtes-vous parti, mais vous avez raconté l'histoire à votre entourage. Cette impertinente personne n'a pas su se vendre elle-même, et par conséquent n'a pas réussi à conclure une vente pour laquelle le client avait envie de débourser. Incroyable, n'est-ce pas ?

Tout commence avec vous. Les clients doivent d'abord croire le messager (et l'apprécier), sinon le message n'a aucune crédibilité.

En tant que produit, comment êtes-vous, personnellement? Êtes-vous vendable ou avez-vous besoin de quelques retouches?

Évaluez votre *vous*. Voici 11,5 facteurs qui font de *vous* une personne assez forte pour faire une vente. Pour chacun d'eux, évaluez votre position sur une échelle de 1 (faible) à 10 (élevée). Inscrivez votre score dans les cases correspondantes.

1. **Votre image.** Votre apparence détermine en partie l'impression que vous donnez aux autres. De quoi avez-vous l'air?

2. **Votre maîtrise des mots.** Votre capacité de faire passer le message. Faites-vous partie des Toast-masters?

3. **Votre capacité à établir un bon rapport.** Amener le client à se sentir à l'aise et trouver un intérêt commun afin de pousser la relation un peu plus loin. Créez-vous une ambiance chaleureuse?

4. **Votre attitude.** Votre enthousiasme allié à votre bonheur intérieur. Non pas ce que vous dites, mais la manière dont vous le dites. Êtes-vous positif?

5. **Votre connaissance du produit.** Votre capacité de convaincre. Connaissez-vous votre produit à fond?

6. **Votre désir d'aider.** Le désir d'aider transparaît, tout comme la cupidité. Votre bienveillance l'emporte-t-elle sur votre cupidité?

☐ 7.   **Votre préparation.** Si vous êtes prêt, vous inspirez confiance, sinon vous détruisez vos chances. Préparez-vous chaque rencontre ?

☐ 8.   **Votre humour.** Rien ne met les gens dans de meilleures dispositions qu'une bonne blague. Pouvez-vous faire rire les autres ?

☐ 9.   **Votre créativité.** Qu'est-ce qui vous distingue de la concurrence ? Comment présentez-vous vos suivis pour ne pas donner l'impression de quêter une vente ? Qu'est-ce qui fait parler de vous ? Votre créativité, bien sûr ! Comment est la vôtre ?

☐ 10. **Votre sincérité.** Elle transparaît, qu'elle soit réelle ou empruntée. Êtes-vous authentique ?

☐ 11. **Votre réputation** (ou la réputation qui vous précède). Si vous êtes bien connu dans la collectivité ou dans votre domaine, vous pouvez vous présenter avec un léger avantage. Quelle est votre réputation ?

☐ 11,5. **Votre liant.** Comment agencez-vous tous les éléments ? Votre stature, votre conduite, etc. Votre personnalité fera valoir la crédibilité du produit que vous vendez. Comment vous présentez-vous ?

Quel est votre score ? Le résultat parfait est 120. Entre 110 et 120, vous êtes là-haut, avec une belle histoire à succès à raconter, et vous donnez l'exemple aux autres.

99-109 – **Pas mal bon aussi.** Vous gravissez les échelons et vous progressez tous les jours.

70-98 – **Pas aussi bon que vous ne le pensez.** Il vous faudrait un entraînement personnel de 20 minutes par jour.

50-69 – **Vous êtes un vendeur médiocre, avec des résultats médiocres**. Vous devez prendre une décision. Persévérer et vous améliorer tous les jours, ou laisser tomber avant de vous faire virer et de blâmer les autres pour vos échecs.

30-49 – **Vous êtes nul.** Allez à la librairie la plus proche, achetez *Comment se faire des amis*, de Dale Carnegie. Ne sortez pas de la maison avant de l'avoir lu.

Faire de *vous* un être exceptionnel est une tâche amusante, et le résultat vous vaudra plus de ventes qu'un millier de techniques. Pour ceux d'entre vous qui ont une longue route devant eux, voici le meilleur conseil qu'il m'ait été donné d'entendre pour se lancer et persévérer sur le chemin de la réussite personnelle : vous êtes le meilleur si vous croyez l'être.

Voilà pour le premier mot. Le second, c'est *pourquoi*. Parce que ce mot apporte des réponses, et celles-ci sont essentielles à la vente.

Ce mot s'applique à trois aspects de vos ventes et de votre vie :

Pourquoi vous ?

Pourquoi eux ?

Pourquoi demander ?

Pourquoi vous ? Pourquoi êtes-vous dans la vente ? Pour bien gagner votre vie ? Faux. C'est plutôt pour ce que vous comptez faire avec l'argent. Ce que vous achèterez avec l'argent. Les gens que vous aiderez avec l'argent. Voilà la vraie raison.

En connaissant la vraie raison de votre choix professionnel, vous vous présenterez devant le client en étant investi d'une mission. En approfondissant la réponse au *pourquoi*, vous trouverez plus facilement la détermination et la discipline qui feront de vous le vendeur performant que vous rêvez d'être. La réponse au *pourquoi* vous amènera aussi à croire que vous êtes le meilleur.

La confiance en soi est la fonction la plus importante du processus de vente. Avez-vous confiance en vous ?

POUR RÉUSSIR. Écrivez la réponse au pourquoi en quelques mots (par exemple, «Je veux que mon fils puisse aller à l'université de son choix») sur des fiches et placez-les dans cinq endroits stratégiques.

1. Sur le miroir de la salle de bain.

2. Sur le tableau de bord de la voiture.

3. Sur le mur de votre bureau, bien en vue.

4. Sur le téléphone de votre bureau.

5. Dans votre portefeuille (près de l'argent).

Pourquoi eux ? La plus grande gaffe que font les vendeurs, c'est de vouloir vendre pour les mauvaises raisons, leurs propres raisons. Vous voyez, les gens n'achètent pas pour vos raisons, ils achètent pour *leurs* raisons. Donc, vous devez déterminer leurs raisons d'acheter (leur *pourquoi)* et orienter la vente en conséquence.

Trouver la vraie raison qui pousse le client à acheter est le processus le plus important de la vente.

POUR RÉUSSIR. Le vrai *pourquoi* se trouve peut-être au bout de trois ou quatre questions. Si le client vous donne une réponse superficielle, reposez la question. Petit à petit, vous vous rapprocherez de la vérité.

Les enjeux du *pourquoi*

- Les gens sont parfois hésitants ou gênés de révéler les vraies raisons.

- Les gens peuvent ne pas connaître les vraies raisons parce qu'ils n'y ont jamais pensé (n'ayant jamais eu le courage de le faire).

- Les vraies raisons se cachent peut-être derrière le besoin exprimé. Quelque chose que la personne veut vraiment accomplir, quelque chose qu'elle aime, qu'elle déteste…

- Les vraies raisons ne se révèlent que si vous passez à la troisième étape, que voici.

Pourquoi demander? Les questions sont au cœur de la vente. Pour connaître le *pourquoi* du client, vous devez lui poser les bonnes questions. Les questions qui l'amèneront à répondre à vos désirs, formulés en fonction de leurs intérêts ou besoins. Posez-leur des questions sur eux (leur *pourquoi*), mais de manière à ce qu'*ils* répondent dans le sens de *votre* point de vue (votre *pourquoi)*.

Le *pourquoi* vous fournira d'autres pistes d'information, si vous posez bien les questions.

Le *pourquoi* vous donnera toutes les réponses nécessaires pour conclure la vente, définir les attentes et bâtir la relation.

Le *pourquoi* vous conduira aux vraies raisons, les vôtres et les siennes.

POUR RÉUSSIR. Planifiez vos questions. Ayez une liste sous la main en tout temps et consultez-la au besoin. Évaluez vos questions pour déterminer la manière dont les gens y répondront et leur capacité de générer des réponses.

Les deux mots les plus importants de la vente – *vous* et *pourquoi* – font partie d'une équation que tout vendeur devrait se peindre à la place du cœur : *vous* + *pourquoi* = *oui* !

> « La principale raison pour laquelle les gens
> ne réussissent pas, c'est qu'ils ne s'exposent
> pas à l'information existante. »
>
> – Jim Rohn, philosophe américain

L'apprentissage à vie en 12,5 principes

Évaluez votre position par rapport aux principes suivants et notez le résultat dans la case correspondante.

(1 = jamais ; 2 = rarement ; 3 = à l'occasion ; 4 = souvent ; 5 = toujours)

1. **Cultiver une attitude positive.** Apprenez à adopter une attitude positive. Procurez-vous des ouvrages de gens qui ont écrit sur l'attitude positive.

    Napoleon Hill   Maxwell Maltz
    Norman Vincent Peale   Dale Carnegie
    Wayne Dyer   W. Clement Stone
    Earl Nightingale   Jim Rohn

2. **Écouter des CD.** Procurez-vous-en plusieurs et écoutez-les dans la voiture.

3. **Lire des livres.** Montez votre bibliothèque en lisant un livre par mois.

4. **Assister à des séminaires.** Autant que vous pouvez vous en payer, le plus souvent possible.

5. **Adhérer aux Toastmasters.** Exercez-vous à faire des présentations et évaluez-vous (90 minutes par semaine).

☐ 6. **S'enregistrer pendant une présentation.** Un rituel hebdomadaire.

☐ 7. **S'enregistrer pendant la lecture.** Un rituel hebdomadaire.

☐ 8. **S'enregistrer pendant une rencontre avec un client.** Un rituel hebdomadaire.

☐ 9. **Enregistrer son message personnel.** Un rituel hebdomadaire.

☐ 10. **Enregistrer ses propres cassettes de vente.** Pour devenir excellent dans la vente et la présentation en même temps.

☐ 11. **Écouter ses propres cassettes autant que celles des autres.**

☐ 12. **Consacrer 30 minutes par jour à l'apprentissage d'une nouvelle chose.**

☐ 12,5. **Mettre en pratique ce qu'on apprend dès qu'on l'apprend.**

Résultat :

65-70 – **WOW !**

59-64 – **Ça va bien.**

21-58 – **Vous avez besoin d'aide !**

0-20 – **Recommencez (votre vie) à zéro.**

Une bonne règle à suivre : plus, toujours plus

Aimez votre métier ou abandonnez-le. Plus vous l'aimerez, plus vous vendrez. Plus vous préparerez la vente, plus vous vendrez. Plus vous y croirez, plus vous vendrez. Si votre confiance en vous ne frise pas les sommets, pourquoi se donner la peine ?

Plus vous regarderez la télé, plus vos concurrents prendront le dessus.

Que faut-il pour être le meneur ? et le rester ?

J'ai appelé Bob Higgins, directeur des ventes, région du sud-ouest, de Cintas (les uniformes), pour lui demander d'inter-viewer son MEILLEUR vendeur. «Bien sûr, Jeffrey, m'a-t-il répondu, le meilleur vendeur de ma région est aussi le meilleur vendeur de l'entreprise, et depuis trois années d'affilée. En fait, c'est une vendeuse, et elle s'appelle Terri Norris.»

Bob a accepté de demander à Terri de me courrieller ses 10 plus grandes qualités, celles qui la placent au-dessus de la mêlée. J'ai reçu son message le lendemain matin (comme je m'y attendais), et voici ce que j'ai lu : « Salut, Jeffrey ! Quand Bob m'a demandé de vous appeler pour vous donner mes 10 plus grandes qualités, je me suis exclamée : "Comment ça, SEULEMENT 10 ?" Eh bien, si je ne peux qu'en nommer 10, les voici… »

Voilà la fierté personnelle et l'assurance du numéro un. Tous les vendeurs ont beau être différents, ils veulent tous conclure la vente. Donc, en lisant cette liste, sachez que ces qualités ne sont pas nécessairement celles auxquelles vous aspirez. C'est un choix personnel. Je vous les présente parce que Terri Norris est la vendeuse étoile d'une équipe de plus de 1 000 personnes, et ce n'est pas le fait du hasard. J'ai pensé que vous seriez intéressé de savoir comment pense et agit une gagnante.

Voici, dans ses propres mots, les 10 qualités et caractéristiques qui la distinguent.

1. **Une attitude positive contagieuse.** Je crois que je suis bénie des dieux et qu'il va m'arriver des choses positives dans la vie. Et puisque je le crois, c'est ce qui se produit.

2. **Je suis excitée à l'idée d'aider les autres.** Une sincère bienveillance. Lorsque je me présente à un rendez-vous, c'est dans l'intention d'aider mon client, actuel ou potentiel, à régler un problème, à obtenir un meilleur service, à accroître sa productivité, etc. Je crois que les clients sentent que je cherche à les aider, et non à leur vendre quelque chose.

3. **De l'assurance, sans arrogance.** J'ai confiance en moi. Je sais que je peux réaliser tout ce que je décide de faire et je suis prête à y mettre l'effort. Je crois en moi et en mes capacités. Ma devise personnelle est la suivante : « Ceux qui peuvent sont ceux qui croient pouvoir. Je crois pouvoir. »

4. **J'aime les gens et ils m'aiment en retour.** Je plais aux gens dès le premier contact. Je ne constitue pas une menace à leurs yeux. Et on ne me perçoit pas comme une *vendouilleuse*. Je réussis à interagir avec les gens, tous les gens. Je n'essaie pas de les catégoriser ; je me contente de vouloir les « aimer ».

5. **Une bonne prise sur la réalité.** Savoir évaluer et régler les vrais problèmes. Il faut savoir déterminer les priorités et décider s'il faut poursuivre la relation ou laisser tomber. Travailler plus intelligemment, pas seulement plus fort.

6. **S'amuser, sinon à quoi bon ?** On dit souvent de moi que je suis une tête heureuse. Je pense que c'est une de mes plus grandes qualités. Je m'amuse presque tout le temps.

7. **Tout faire à fond.** Je me donne au travail et je me donne sur le plancher de danse. Selon moi, le minimum acceptable, c'est 110 %. Si quelque chose vaut la peine, je m'y donne à corps perdu.

8. **Intégrité tacite, honnêteté manifeste.** Je m'efforce d'agir avec franchise et éthique dans tout ce que je fais. Se montrer digne de confiance et honorable est la marque d'un caractère solide. J'essaie toujours de tenir mes promesses. J'espère que ma parole veut dire quelque chose pour les autres. Pour moi, en tout cas, elle veut TOUT dire.

9. **Faire attention aux détails, mais sans s'y embrouiller.** Il faut être plus qu'organisé. Les petites choses sont cruciales dans mon succès. Ça peut paraître banal, mais c'est ÉNORME. Je garde mes choses en ordre pour pouvoir être impeccable. J'essaie de ne pas perdre de temps ni d'énergie en devant chercher les choses deux fois ou rattraper des erreurs.

10. **Le bonheur intérieur d'un enfant.** J'ai l'enthousiasme d'un enfant de deux ans, muni d'un diplôme universitaire et d'une carte professionnelle. Je m'encourage sans relâche et j'en fais autant pour les autres. Je veux que tout le monde gagne, à part la concurrence, bien sûr.

J'ai interviewé Terri lors du congrès annuel de Cintas. Cette femme, une véritable perle, m'a encore étonné par ses propos, et je vous offre les belles images qu'elle m'a données :

• C'est comme si mon bouton d'attitude était toujours réglé à positif.

• Dans le rapport que je crée, j'amène le client à se sentir comme s'il était chez moi et pouvait ouvrir le frigo pour se servir un verre de jus sans le demander.

Je lui ai enfin demandé s'il y avait une chose qu'elle plaçait au-dessus de toute autre? «Je suis chaleureuse, sincère et crédible. Je suis née avec une douce bonhomie», a-t-elle conclu fièrement.

Eh ben, pas étonnant qu'elle soit la numéro un.

Certains d'entre vous lisent ces pages et se disent: «Jeffrey, laissez-nous tranquille avec vos trucs philosophiques et dites-nous plutôt comment faire des ventes.»

C'est ce que je fais.

C'est la leçon de vente la plus enrichissante que je connaisse.

Peu la comprendront. Ce seront ceux qui atteindront le sommet.

Le livre sans fin

Vous n'êtes pas à la fin du livre, mais seulement à la fin de votre première lecture du livre. *Le petit livre rouge de la vente* n'est pas un livre qu'on lit puis qu'on met dans sa bibliothèque. C'est un livre qu'on lit et relit, plusieurs fois.

Si vous entendez une chanson que vous aimez à la radio, vous voudrez l'entendre encore et encore. Après cinq fois, vous pourrez l'accompagner et après dix fois, la chanter tout seul. Il en va de même avec ce livre. Si vous voulez le maîtriser, dix fois sur le métier remettez… mon ouvrage.

Lorsque j'ai étudié l'attitude pour la première fois, j'avais pour bible *Think and Grow Rich*, de Napoleon Hill. Il fallait lire un chapitre par jour. Comme il n'y en avait que 15, on terminait le livre toutes les trois semaines. J'ai fait ça pendant un an, donc j'ai lu le livre environ une quinzaine de fois. En fait, je me suis approprié le livre, il m'a servi de phare et permis d'adopter une attitude positive une fois pour toutes. Est-ce que j'agissais comme un imbécile ? Je ne sais pas, mais mes amis pensaient que oui, et ils ont encore des problèmes d'attitude.

Mon livre n'est pas un livre à lire, mais à étudier, à mettre en pratique. C'est un livre qui doit faire l'objet de discussions, qui doit être au cœur de votre vie de vendeur. Il y a trop de matière pour se contenter de le lire une fois, de le ranger sur une tablette en se disant que ç'a été amusant. Lisez-le 10 fois, et vous serez fin prêt pour un grand avenir à tous égards : vos ventes, votre attitude, votre créativité, vos relations, votre compte de banque, votre vie quoi !

Si vous n'avez pas saisi
à fond les principes rouges,
revenez en arrière et
étudiez-les, un à un.
Si vous n'avez pas saisi à fond
les principes rouges,
revenez en arrière et dressez
un plan de match pour chacun.
Si vous n'avez pas saisi à fond
les principes rouges,
allez de l'avant et
mettez chacun en pratique.

Jeffrey Gitomer
Premier directeur des ventes

Auteur. Jeffrey Gitomer a publié *The Sales Bible,* qui en est à son 18ᵉ tirage, et *Customer Satisfaction Is Worthless – Customer Loyalty Is Priceless.* Ses ouvrages se sont vendus à plus de 500 000 exemplaires partout dans le monde.

Plus de 100 conférences par année. Jeffrey donne des séminaires, se fait inviter comme conférencier d'honneur dans des congrès annuels et anime des formations sur la vente et le service à la clientèle. Depuis 10 ans, il a donné 115 séminaires par année en moyenne.

Clients. Jeffrey compte parmi ses clients des grands noms tels que Coca-Cola, Cingular Wireless, Hilton, Choice Hotels, Enterprise Rent-A-Car, Cintas, Milliken, NCR, Financial Times, Turner Broadcasting, Comcast Cable, Time Warner Cable, HBO, Ingram Micro, Wells Fargo Bank, BMW, Baptist Health Care, Blue Cross Blue Shield, Hyatt Hotels, Carlsburg Beer, Wausau Insurance, Northwestern Mutual, Sports Authority, GlaxoSmithKline, XEROX, A.C. Nielsen, Ricoh U.S, AT&T, et des centaines d'autres.

Des millions de lecteurs toutes les semaines. Chroniqueur affilié à plus de 90 publications d'affaires et auteur de *Sales Moves*, Jeffrey est lu par plus de 3,5 millions de personnes toutes les semaines.

Et tous les mois. Sa chronique paraît aussi dans plus de 25 publications et bulletins spécialisés. Jeffrey collabore aux revues *Entrepreneur* et *Selling Power* à titre de spécialiste.

Présence Internet. Ses trois sites WOW (www.gitomer.com ; www.trainone.com ; www.knowsuccess.com) reçoivent plus de 5 000 visites quotidiennes de lecteurs et de participants à des séminaires. En matière d'Internet et de commerce électronique, il a établi la norme auprès de ses pairs, et ses sites à la fine pointe du genre lui ont valu des éloges intarissables de la part des clients.

Formation par Internet. Une vidéo de formation en continu (faible coût, valeur élevée) est maintenant diffusée toutes les semaines sur www.trainone.com. C'est du pur Jeffrey : un matériel amusant, pragmatique, collé à la réalité et facile à mettre en œuvre. Cette innovation montre la voie dans le domaine de l'apprentissage en ligne.

Cybermagazine. *Sales Caffeine,* un bulletin hebdomadaire livré gratuitement tous les mardis matin à quelque 100 000 abonnés, fournit de précieuses données sur la vente et les stratégies, ainsi que des réponses aux professionnels de la vente.

Évaluation en ligne. Un outil personnalisé d'évaluation, le premier du genre au monde, permet non seulement de déterminer votre niveau de compétence dans 12 grands aspects des connaissances liées à la vente, mais aussi d'obtenir un rapport diagnostique à partir de 50 mini-leçons de vente qui mesurent vos aptitudes et fournissent des pistes d'amélioration de vos connaissances. *Vous ne pouvez connaître le succès avant de vous connaître vous-même* est le mot d'ordre de ce programme baptisé *KnowSuccess.*

Prix d'excellence. En 1997, Jeffrey a reçu le titre CSP (*Certified Speaking Professional*), décerné par la National Speakers Association. Ce prix a été accordé à moins de 500 personnes au cours de 25 dernières années.

Remerciements

À **Ray Bard** pour son idée géniale, sa ténacité et son soutien indéfectible. Il est rare d'accoler les termes «éditeur honnête», mais si l'exemple était cité dans le dictionnaire, on y lirait *Voir aussi Ray Bard.*

À **Teresa Gitomer** qui comprend que mon ardeur au travail ne m'empêche pas de l'aimer. Pour réussir, le soutien est tout. Merci.

À **Peter Psichogios** pour m'avoir aidé à comprendre la vie au-delà des livres et des discours – une personne qui m'a changé pour le mieux.

Pour les absents qui continuent de m'inspirer depuis le paradis. À la mémoire aimante de Max et de Florence Gitomer.

Une vente vous apporte une commission. Un ami vous apporte une fortune.

– Jeffrey Gitomer

Du même auteur

Customer Satisfaction Is Worthless. Customer Loyalty Is Priceless: How to Make Customers *Love* You, Keep Them Coming Back and Tell *Everyone* They Know
(Bard Press, 1998)

The Sales Bible: The Ultimate Sales Resource
(Wiley & Sons, 2003)

The Patterson Principles of Selling
(Wiley & Sons, 2004)

Wrestling With Success: Developing a Championship Mentality
Jeffrey Gitomer et Nikita Koloff
(Wiley & Sons, 2004)

Knock Your Socks Off Selling
Jeffrey Gitomer et Ron Zemke
(Amacom, 1999)